令和 **2** 年度

日本語教育能力検定試験
試験問題

［著作・編集］

JEES 公益財団法人　日本国際教育支援協会
Japan Educational Exchanges and Services

にほんごの凡人社
BONJINSHA

は じ め に

本協会は，昭和62年度から，日本語教育の専門家として必要とされる基礎的・基本的な知識および能力を検定することを目的に，日本語教育能力検定試験を実施し，令和２年度で34回目を迎えました。

この間，社会情勢や学習需要の変容に対応するため，出題範囲の改定を行ってきました。平成15年度には，当初の，日本語に関する知識，日本語教授法に関する知識を中心とした出題範囲から，言語と社会の関係，さらには日本語学習者を取り巻く社会環境までをも含む幅広いシラバスに改定しています。さらに平成23年度からは，平成15年度の出題範囲において，どのような学習現場，教育現場においても必須として求められる，いわば日本語教育能力の核をなす知識・能力をより明確に示した出題範囲を以て実施しています。

令和２年度の応募者数は11,316名で，本試験に対しては多くの方々より高い関心をいただいております。

本書が，多くの日本語教師および日本語教師志望者の自己研鑽の一助となり，また日本語教育関係者の参考となれば幸いです。

本書の構成・内容は次のとおりです。

１．本書は，本冊子とＣＤ１枚（試験Ⅱ）から成っています。
２．試験Ⅱについては，実際の試験と同様，シナリオはありません。
３．実際の試験問題と解答用紙はＡ４判です。ここに所収の試験問題と解答用紙は，実物より縮小してあります。

令和３年４月

公益財団法人 日本国際教育支援協会

目　次

試験問題

解答用紙

参考資料

正　解

令和２年度日本語教育能力検定試験

試験Ｉ　問題冊子

90分

[注意事項]

1　試験開始の合図があるまで，この問題冊子の中を見てはいけません。

2　この問題冊子は47ページまであります。

3　試験中に，問題冊子の印刷不鮮明，ページの落丁・乱丁および解答用紙の汚れ等に気づいた場合は，手を挙げて監督者に知らせてください。

4　監督者の指示に従って，解答用紙の所定の欄に，氏名および受験番号を正しく記入してください。受験番号は，数字欄に数字を記入し，その下のマーク欄にも必ずマークしてください。正しくマークされていないと，採点できないことがあります。

5　解答は全て解答用紙の解答欄にマークしてください。

例えば，問題１の(1)に「２」と解答する場合，次の（例）のように問題１の(1)の解答欄の②をマークしてください。

（例）

問題番号		解答欄				
問題1	(1)	①	●	③	④	⑤
	(2)	①	②	③	④	⑤

問題冊子に記入しても採点されません。

6　解答用紙の［注意事項］もよく読んでください。

7　この試験Ｉの問題冊子は，必ず持ち帰ってください。ただし，この冊子の複写・複製，引用等は固く禁じます。

このページには問題が印刷されていません。

問題１は次のページにあります。

問題1　次の(1)～(15)について，【　】内に示した観点から見て，他と**性質の異なるもの**を，それぞれ1～5の中から一つずつ選べ。

(1)　【調音点】

1　[θ]

2　[m]

3　[b]

4　[ɸ]

5　[p]

(2)　【ガ行音】

1　介護士

2　技術者

3　大学生

4　手芸展

5　家具屋

(3)　【アクセント型による弁別】

1　かき

2　はし

3　あき

4　いし

5　かぜ

(4)　【音便】

1　書く

2　蹴る

3　話す

4　住む

5　洗う

(5) 【音読みの種類（漢音・唐音）】

1 体力

2 扇子

3 学期

4 文章

5 下降

(6) 【異字同訓】

1 切

2 興

3 採

4 収

5 届

(7) 【心理動詞の格】

1 あきれる

2 あきらめる

3 したう

4 うたがう

5 うやまう

(8) 【ニ格名詞句の意味】

1 小林さんに書道を習う。

2 山田さんに辞書を借りる。

3 鈴木さんに英語を教わる。

4 田中さんに財布を預ける。

5 小川さんに手紙をもらう。

⑼　【「とても」の意味】

1　歩いて家に帰るのはとても無理だ。

2　あの人の話はとてもつまらない。

3　そんな話はとても信じられない。

4　北海道の寒さはとても耐えがたい。

5　この雨はとてもやみそうにない。

⑽　【肯定否定の対立】

1　挨拶します

2　訪問します

3　連絡します

4　失礼します

5　面会します

⑾　【「てくる」の用法】

1　トラックが荷物を運んでくる。

2　お客さんがたくさんやってくる。

3　学校に弁当を持ってくる。

4　実家から米を送ってくる。

5　だんだん暖かくなってくる。

⑿　【条件節の意味】

1　明日になれば雨もやむでしょう。

2　1,000円も出せば大丈夫でしょう。

3　タクシーに乗れば早く着くでしょう。

4　この本を読めば分かるでしょう。

5　こちらの道を行けば迷わないでしょう。

⒀　【身体部位を含んだ表現の意味】

1　彼は腹を割って，思いの丈を話してくれた。

2　他人の家の問題に軽々しく口を挟むべきではない。

3　農作業の後は，いつも足を洗ってから家に入る。

4　厄介な仕事に手を出してしまったものだ。

5　彼女は私の話にはまるで耳を貸そうとしない。

⒁　【ト格の意味】

1　ジョンとポールがテレビを見た。

2　ジョンとポールが楽器を弾いた。

3　ジョンとポールが歌を歌った。

4　ジョンとポールが酒を飲んだ。

5　ジョンとポールがけんかをした。

⒂　【直示表現（ダイクシス）】

1　こちらは皆，毎日を元気に過ごしています。

2　後ほど折り返しお電話させていただきます。

3　駅まで歩いて，そこから電車に乗ります。

4　今週，会議が三つもあるんですよ。

5　私は川の向こう側に住んでいるんですよ。

問題２　次の(1)～(5)における【　】内の下線部は学習者による誤用を示す。これと**異なる種類の誤用**を，それぞれ１～４の中から一つずつ選べ。

(1)　【「その辺」と言おうとして「その円」と発音する。】

1　「後半」と言おうとして「公安」と発音する。

2　「改変」と言おうとして「開演」と発音する。

3　「五本」と言おうとして「御恩」と発音する。

4　「千円」と言おうとして「千年」と発音する。

(2)　【会食を参加したいです。】

1　新しい規則を従ってください。

2　何冊かの文献を参考しました。

3　学校の友達を会いました。

4　地震や火事を備えましょう。

(3)　【吉田先生も一番やさしい先生だと思います。】

1　バスよりも地下鉄で行ったほうが一番早いです。

2　最近，朝や夕方は一番寒くなってきましたね。

3　簡単な計算を間違えてしまい一番恥ずかしいです。

4　一番素晴らしいスピーチが多かったです。

(4)　【あの先生の話はいつも本当に面白いだ。】

1　豊かの教養を身につけたいと思っています。

2　このパソコンは丈夫し，画質もいいし，軽いです。

3　昨日，近いスーパーで安売りをしていました。

4　私の国と違いのはバスや地下鉄の乗り方です。

(5) 【東京駅に着けば，乗り換えてください。】

1　日本に帰れば，お土産を買ってきましょう。

2　先生にお会いすれば，ぜひご挨拶したい。

3　彼から荷物が届けば，すぐ知らせてね。

4　お金をたくさん持てれば，買います。

問題３　次のＡ～Ｄの文章を読み，⑴～⒇の問い に答えよ。

Ａ　【声帯振動】

言語音である母音や子音は，主に肺から排出される気流，すなわち呼気によって作られるものが多い。呼気を用いて言語音を生成する際，声帯の振動(A)を伴う場合は有声音となり，振動を伴わない場合は無声音となる。

日本語の母音に関してよく取り上げられる音声現象の一つとして，母音の無声化(B)がある。母音の無声化とは，音韻論的には，母音があるはずのところで当該母音が声帯の振動を伴わず，発音される現象である。母音の無声化は，狭母音が［p］［k］や［ (ア) ］などの無声子音に挟まれたときや，［ (イ) ］に来たときに起こりやすい。その他，例外的に広母音・中母音においても環境によっては無声化が起こることがある(C)。また，逆に無声化が起こると予想される場合に，無声化しないこともある。

無声子音が有声音である母音に挟まれた際，有声化する現象として，連濁(D)がある。連濁は二つの語が結合して複合語を作る際，後部要素の最初の拍が有声化する現象である。

⑴　文章中の下線部Ａ「声帯の振動」に関して，声帯振動の有無を感じる方法として最も適当なものを，次の１～４の中から一つ選べ。

１　口の前に薄い紙を垂らして発音してみる。

２　鼻から息を抜くように発音してみる。

３　耳を手でふさいで発音してみる。

４　鼻をつまんで発音してみる。

⑵　文章中の下線部Ｂ「母音の無声化」に関する記述として最も適当なものを，次の１～４の中から一つ選べ。

１　方言差が大きく，例えば東京方言では無声化が起こりやすい。

２　母音が無声化しても，アクセント核の位置には影響を与えない。

３　一つの語の中に無声化し得る環境が連続する場合，いずれも無声化する。

４　母音が無声化するかしないかは，発話の意味理解に影響を与える。

(3)　文章中の (ア) と (イ) に入れるのに最も適当な組み合わせを，次の１～４の中から一つ選べ。

	(ア)	(イ)
1	[ɾ] [n]	文頭
2	[ɾ] [n]	文末
3	[ɸ] [ɕ]	文頭
4	[ɸ] [ɕ]	文末

(4)　文章中の下線部Ｃに関して，広母音や中母音が無声化する例として最も適当なものを，次の１～４の中から一つ選べ。

1　「口実」の「こ」

2　「明快」の「か」

3　「観戦」の「せ」

4　「北西」の「ほ」

(5)　文章中の下線部Ｄ「連濁」に関する記述として**不適当なもの**を，次の１～４の中から一つ選べ。

1　同じ語であっても，時代によって連濁の有無が変わることがある。

2　前後の要素が修飾関係でなく並列的な関係の場合，連濁が起こりやすい。

3　後部要素に濁音が含まれる場合，連濁が回避されやすい。

4　漢語と外来語に比べて，和語のほうが連濁が起こりやすい。

B 【比較を表す文型】

事物を比較する文型には様々なものがある。二つの事物を単純に比較する文型は，「太郎は花子より～（XはYよりZ）」がその代表例である。一方，「太郎は花子におとらず～（XはYにおとらずZ）」のような文型は，単純な二つの事物の比較だけでなく，［(ア)］ことも意味する。これらの文型において，述語の位置にはイ形容詞やナ形容詞，副詞による修飾を受けた動詞以外に［(イ)］が入ることもある。また，比較の差は程度副詞や数量詞を使って表す(A)。

三つ以上の事物が関わる比較の代表的な文型としては，「太郎はP（の中）で最も～（XはPの中で最もZ）」と「P（の中）で太郎ほど～はいない（Pの中でXほどZはない）」が挙げられる。これらが表す意味は，文中に二つの事物を挙げて比較する文型で言い換えられる(B)こともある。また，程度が甚だしいことを表す文型(C)は，この三つ以上の事物が関わる比較の文型と連続的と言える。

(6) 文章中の［(ア)］に入れるのに最も適当なものを，次の1～4の中から一つ選べ。

1 太郎も花子も～ではない

2 太郎も花子も～である

3 花子だけが～ではない

4 花子だけが～である

(7) 文章中の［(イ)］に入れるのに最も適当なものを，次の1～4の中から一つ選べ。

1 場所を表す指示的名詞

2 形容詞から転成した派生名詞

3 具体的な数量を表す名詞

4 程度副詞によって修飾可能な名詞

⑻　文章中の下線部Aに関する記述として最も適当なものを，次の１～４の中から一つ選べ。

1　「もっと」は不特定多数の比較に使い，二つの比較には使わない。

2　「かなり」は否定文よりも肯定文において多く用いられる。

3　「少し」が形容詞を修飾すると，絶対的な程度が小さいことを表す。

4　「３人」などの数量詞は連用用法では使わず，連体用法で使う。

⑼　文章中の下線部Bの例として最も適当なものを，次の１～４の中から一つ選べ。

1　健康こそが誰しもにとって大切なものだ。

2　健康以外に私が気をつけているものなどない。

3　本当に大切なものはただ健康だけだ。

4　他のどんなものにもまして健康は大切だ。

⑽　文章中の下線部C「程度が甚だしいことを表す文型」に関する記述として最も適当なものを，次の１～４の中から一つ選べ。

1　「至りだ」は，話し手の極限状態は表さない。

2　「極まりない」は，望ましい状態は表さない。

3　「この上ない」は，形容詞の連体形の後ろに直接接続しない。

4　「極みだ」は，「サ変動詞語幹＋の」以外の形式には後接しない。

C 【引用】

複数の節を持つ文のあり方は多様である。その一つである引用節は，<u>対人的モダリティも内部に含む</u>(A)ことができるため，独立文とほぼ同等である。また，<u>引用</u>(B)において使われる表現の代表的なものには「と」や「ように」がある。名詞型引用表現では，<u>名詞修飾節と被修飾名詞の間に用いられる助詞</u>(C)がいくつかある。

<u>「と」を用いた引用節は，主節に使われる動詞の種類によって構造が異なる</u>(D)。また，<u>引用の「ように」</u>(E)にも多様な用法があり注意が必要である。

⑾ 文章中の下線部Aの例として最も適当なものを，次の１～４の中から一つ選べ。

1 父は私にもっと真面目にやれと叱ってきた。

2 田中君の病気はすぐによくなると見ています。

3 彼女ならもう来るんじゃないかと思いますよ。

4 山田先生は生き字引と呼ばれています。

⑿ 文章中の下線部B「引用」の例に**当てはまらないもの**を，次の１～４の中から一つ選べ。

1 今日は息子に店番をしてとお願いしている。

2 私はその話を怪しいと疑っている。

3 彼女はもう行かないとこぼしている。

4 子ども料金は大人料金の半額となっている。

⒀ 文章中の下線部C「名詞修飾節と被修飾名詞の間に用いられる助詞」として**不適当なもの**を，次の１～４の中から一つ選べ。

1 との

2 って

3 として

4 という

⒁　文章中の下線部Ｄに関する記述として最も適当なものを，次の１～４の中から一つ選べ。

1　「伝える」などの伝達を表す動詞の場合，引用節内にガ格をとらない。

2　「頼む」などの依頼を表す動詞の場合，引用節内に「～しろ」以外も使える。

3　「言う」などの発話を表す動詞の場合，引用節内に終助詞は使えない。

4　「思う」などの思考を表す動詞の場合，引用節内にデス・マス体が使える。

⒂　文章中の下線部Ｅ「引用の『ように』」に関する記述として最も適当なものを，次の１～４の中から一つ選べ。

1　発話を表す「ように」の引用節内では過去形が使えない。

2　依頼を表す「ように」の引用節内では丁寧体が使えない。

3　命令を表す「ように」は主節を省略できない。

4　思考を表す「ように」の「に」は省略できない。

D 【学校文法と日本語教育文法】

学校教育の国語科で教えられる文法は，日本語教育の文法とは別に学校文法と呼ばれる。これは，［ (ア) ］の文法論をベースに，形態を重視したものになっている。そのため，<u>学校文法における語の形態や品詞の扱い方</u>(A)や言語形式の単位の捉え方は，日本語教育のそれとは相違する。活用の扱いについても違いが見られる。例えば，<u>日本語教育の文法における辞書形は，学校文法では二種類に呼び分けられる</u>(B)。また，<u>学校文法の活用形は語として文中で単独で使える形にはなっていない</u>(C)。このような違いもあり，<u>日本語教育の文法における活用の体系と学校文法の活用の体系</u>(D)とでは大きく異なっている。

⒃ 文章中の［ (ア) ］に入れるのに最も適当なものを，次の１～４の中から一つ選べ。

1 山田孝雄

2 橋本進吉

3 三上章

4 時枝誠記

⒄ 文章中の下線部Ａ「学校文法における語の形態や品詞の扱い方」に関する記述として最も適当なものを，次の１～４の中から一つ選べ。

1 活用を持つ語を「自立語」と呼ぶ。

2 品詞の一つとして「指示詞」がある。

3 品詞は文節で区切った単位に等しい。

4 動詞を語幹と活用語尾に分ける。

⒅ 文章中の下線部Ｂの例として最も適当なものを，次の１～４の中から一つ選べ。

1 連体形と終止形

2 連用形と連体形

3 終止形と普通形

4 普通形と連用形

⒆　文章中の下線部Cの例として最も適当なものを，次の１～４の中から一つ選べ。

1　動詞の命令形

2　動詞の未然形

3　形容動詞の終止形

4　形容動詞の仮定形

⒇　文章中の下線部Dに関する記述として最も適当なものを，次の１～４の中から一つ選べ。

1　学校文法では，単独で文節を作れる語のうち活用するものを二つの品詞に分けている。

2　学校文法では，丁寧体に基づいて活用の体系が整理されている。

3　日本語教育の文法では，活用形の種類が学校文法より相対的に多い。

4　日本語教育の文法では，「見ない」と「高くない」の「ない」は異なる品詞である。

問題４　次の文章を読み，下の問い（問１～５）に答えよ。

外国語教授法は，時代の社会的な要請，言語理論や言語学習理論の展開などを背景に，変遷を重ねてきた。19世紀のヨーロッパでは文法訳読法(A)が主流であったが，19世紀後半にはそれに代わる教授法が台頭してきた。その一つが直接法で，文法は帰納的に教えられた(B)。1950年代にはアメリカで第二言語教育へのニーズが高まり，オーディオ・リンガル・メソッドが開発された。しかし，その後批判されるようになり，1970年代以降，様々な教授法が提唱された。その代表格がコミュニカティブ・アプローチ(C)である。その他，ナチュラル・アプローチ(D)なども提唱されている。1990年代には，タスク中心の教授法(E)（Task-Based Language Teaching）が注目されるようになった。こうした教授法の歴史を知ることは，教師自身の言語観や言語学習観を考えるうえで役に立つ。

問１　文章中の下線部Ａ「文法訳読法」の前提となっている考え方として最も適当なものを，次の１～４の中から一つ選べ。

１　文型は易しいものから難しいものへと段階的に学ばせることで習得が進む。

２　練習問題を解くより，楽しく多く読むほうが早く言葉が身につく。

３　母語に置き換えられるようになることが外国語学習の成功を意味する。

４　単語や文法規則の暗記により，口頭コミュニケーション能力が向上する。

問２　文章中の下線部Ｂに関して，文法の教え方として最も適当なものを，次の１～４の中から一つ選べ。

１　多くの目標言語の実例に接してから，そこに現れた文法規則を発見させる。

２　媒介語で文法規則を説明してから，その文法を使ってロールプレイをさせる。

３　目標言語で文法規則を提示し，そこから文型の使い方を確認させる。

４　媒介語で書かれた解説書で文法規則を予習させ，クラスでは反復練習を行う。

問３　文章中の下線部Ｃ「コミュニカティブ・アプローチ」に関する記述として最も適当なものを，次の１～４の中から一つ選べ。

1　言語形式や構造より文脈における言語の機能や意味を重視する。
2　やり取りの流暢さより母語話者並みの正確な発音を重視する。
3　母語の使用を禁止し，目標言語のみで練習するほうが効果的と考える。
4　自己訂正させるより，教師が間違いを訂正するほうが効果的と考える。

問４　文章中の下線部Ｄ「ナチュラル・アプローチ」に基づいた授業に関する記述として最も適当なものを，次の１～４の中から一つ選べ。

1　言語形式の学習によってモニターが働くよう構造シラバスを採用する。
2　教材には教科書だけではなく実生活で使う身近な素材も取り入れる。
3　話すことに早く慣れるよう初期段階から学習者に積極的な発話を促す。
4　初級よりも中級以上のレベルの授業デザインに用いると効果的である。

問５　文章中の下線部Ｅ「タスク中心の教授法」の活動例として最も適当なものを，次の１～４の中から一つ選べ。

1　グループで無人島生活の必需品のリストを作成し，優先順位をつけさせる。
2　「窓を開けてください」などの指示を出し，実際にその動作を行わせる。
3　教師が用意したドラマの役を割り当て，台本の読み合わせをさせる。
4　「ことができますか」という言語形式の練習を行った後，インタビューをさせる。

問題5　次の文章を読み，下の問い（問1～5）に答えよ。

語彙学習には，語を覚えること自体を目的とした意図的学習がある。例えば，学習者自身が問題集や単語カードを活用して学習する方法が挙げられる。

意図的学習は授業においても行われるが，教師は初級学習者に対して新出語を導入する際（A），様々な工夫が求められる。また，初級学習者に語彙のタスクを与える場合，方法によっては目的を達成することができない（B）ので留意が必要である。中級段階では，読み物の中に出てきた語について階層的関係（C）を示したり，類義語や対義語を示したりして語彙の定着を図ることもある。その際，対義語には［　(ア)　］ものがあるため，指導においては注意が必要である。このような意図的学習は，付随的学習と補完し合うことで記憶が補強されることもある（D）。

問1　文章中の下線部A「初級学習者に対して新出語を導入する際」の留意点として最も適当なものを，次の1～4の中から一つ選べ。

1　学習の負担が軽減できるよう，汎用性がある高頻度の語を選んで導入する。
2　速く覚えられるよう，定型表現や決まり文句などは一語ずつ分解して導入する。
3　長期記憶に残せるよう，文脈や使用される場面から切り離して導入する。
4　効率的に覚えられるよう，形や意味に類似性のあるものをセットにして導入する。

問2　文章中の下線部Bに関して，目的と方法が**一致していないタスク**を，次の1～4の中から一つ選べ。

1　記憶に残りやすくするために，学習する語を示して自分の体験談を書かせる。
2　学習した語を理解しているかどうか確認するために，短文のリピートをさせる。
3　どのような文脈で使われるか学ばせるために，学習する語を含む文の一部を与え，文全体を完成させる。
4　学習する語と母語の対応語との意味や用法の違いに気づかせるために，学習者の母語の文を日本語に翻訳させる。

問3　文章中の下線部C「階層的関係」にある語の組み合わせとして最も適当なものを，次の１～４の中から一つ選べ。

1　「販売する」と「購入する」

2　「賛成」と「同意」

3　「動物」と「鳥」

4　「杉」と「松」

問4　文章中の［(ア)］に入れるのに最も適当なものを，次の１～４の中から一つ選べ。

1　「ぼけ」と「つっこみ」のように，対になる語の品詞が同一ではない

2　「高い」に対する「安い」「低い」のように，一対一の対立ではない

3　「桜」と「梅」などのように，一組で用いられる対語となっている

4　「不急」と「火急」のように，対になる語の語種が異なっている

問5　文章中の下線部Dに関して，意図的学習が付随的学習によって補完された例として最も適当なものを，次の１～４の中から一つ選べ。

1　漫画を読んで知った語を何度も声に出して練習した。

2　新聞を読んでいるときに見つけた未知語を書き留めて調べた。

3　アニメのせりふの意味が分かったので，単語帳に記入した。

4　漢字クラスで習った語を車内広告で目にし，理解できた。

問題６　次の文章を読み，下の問い（問１～５）に答えよ。

コミュニケーション能力を高めることを重視した授業では様々な指導が行われている。中級以上の会話の授業では，社会言語能力や談話能力を高める指導[A]が必要である。また，コミュニケーション・ストラテジー[B]の効果的な使用も意識させたほうがよい。さらに，書く活動においてもコミュニケーション能力の養成を意識した活動[C]が求められる。近年はプロフィシェンシー[D]の育成を目指した教育実践もある。

指導にあたっては，学習者の発話や作文において語用論的転移[E]による誤りが起こる可能性があることを理解しておく必要がある。

問１　文章中の下線部Ａ「談話能力を高める指導」の例として最も適当なものを，次の１～４の中から一つ選べ。

1　表情や体の動きなどの非言語行動を意識させる。

2　会話の相手や会話の場面に合った表現を考えさせる。

3　学習者自身に自分の発音の不自然な点を見つけさせる。

4　いろいろな相づちやそのタイミングに気づかせる。

問２　文章中の下線部Ｂ「コミュニケーション・ストラテジー」の例として最も適当なものを，次の１～４の中から一つ選べ。

1　会話の中で新たに学んだ表現を忘れないようにメモする。

2　言いたいことが目標言語で言えないときに，母語を直訳して言う。

3　母語話者に自分の発話を訂正されたら，その表現を繰り返す。

4　新しく習った表現を実際の会話の場面で積極的に使う。

問３　文章中の下線部Ｃの例として**不適当なもの**を，次の１～４の中から一つ選べ。

1　旅先で見聞きしたことを友人に手紙で知らせる。

2　取引先からの連絡内容を上司にメールで伝える。

3　学食のアンケートでメニューについて意見を書く。

4　ある物語を別の登場人物の視点で再構築して書く。

問４　文章中の下線部Ｄ「プロフィシェンシー」の説明として最も適当なものを，次の１～４の中から一つ選べ。

1　自分で問題を発見し，主体的に解決する能力

2　ある対象を把握する際に別の対象を手がかりにする能力

3　場面や状況に合わせ適切に言語を使う能力

4　目標言語の文法体系を直観的に把握する能力

問５　文章中の下線部Ｅ「語用論的転移」の例として最も適当なものを，次の１～４の中から一つ選べ。

1　先生に予定を伝えるメールの中で「今年就職ができないとすると，国へ帰るつもりです」と書く。

2　思いがけない贈り物をくれた人へのお礼状の中で「プレゼントをもらって驚愕しました」と書く。

3　目上の人に誘われたときに「その日は約束があるから行きません」と言う。

4　友達に気持ちを伝えるときに「はっきりと，honestlyに言うとね」と言う。

問題７　次の文章を読み，下の問い（問１～５）に答えよ。

学習者は様々な誤用を産出しながら外国語を習得していく。習得の過程では「逆行」(A)と呼ばれる現象などが起こるため，教師は学習者の誤用を的確に分析し，効果的な指導につなげることが求められる。

誤用の一つに，文法的な正確さに関わる誤用(B)がある。また，誤用の現れ方としては，当該項目を他の項目と取り違える「混同」や形態上の誤りである「誤形成」(C)などがある。

指導につなげるには母語の影響(D)など，誤用が産出された背景を考えることが重要である。そのほか，学習者の言語処理ストラテジー(E)の影響，教師による指導の影響など様々なものがある。一つの誤用に複数の原因が想定される場合も多いため，注意深く観察する必要がある。

問１　文章中の下線部Ａ「逆行」の例として最も適当なものを，次の１～４の中から一つ選べ。

1　「会社の前」と言うべきところで，「前の会社」と語順が反対になる。

2　「2020年10月25日」と言うべきところで，「25日，10月，2020年」のように言う。

3　子どもに対して，「ワンワン，好き？」のように幼児語や短い文で言う。

4　「おいしかったです」と言えていたが，「おいしいでした」と言うようになる。

問２　文章中の下線部Ｂ「文法的な正確さに関わる誤用」の例として最も適当なものを，次の１～４の中から一つ選べ。

1　（具合はどうか聞かれた際に）「新しい薬が風邪を治しました。もう大丈夫です」

2　（道に迷って通行人に尋ねる際に）「すみません，私はどこにいますか」

3　（昨日の出来事を話す際に）「テストを受けているうちに，携帯電話が鳴りました」

4　（警察に盗難の届け出をする際に）「誰かが私のパソコンを盗みました」

問３　文章中の下線部Ｃ「誤形成」の例として最も適当なものを，次の１～４の中から一つ選べ。

	表出した発話（誤用）	発話意図（正用）
1	目上の人に対して尊敬すべきだ。	目上の人を尊敬すべきだ。
2	必要なら高かっても買います。	必要なら高くても買います。
3	昨日から熱38度がある。	昨日から熱が38度ある。
4	会議の途中で席から出た。	会議の途中で席を立った。

問４　文章中の下線部Ｄ「母語の影響」が考えられる発音の誤用例として最も適当なものを，次の１～４の中から一つ選べ。

1　英語母語話者が「電線」と言ったつもりが「テンセン」に聞こえる。
2　韓国語母語話者が「苦労」と言ったつもりが「クノウ」に聞こえる。
3　タイ語母語話者が「花」と言ったつもりが「アナ」に聞こえる。
4　スペイン語母語話者が「山」と言ったつもりが「ジャマ」に聞こえる。

問５　文章中の下線部Ｅ「学習者の言語処理ストラテジー」のうち，「付加のストラテジー」の例として最も適当なものを，次の１～４の中から一つ選べ。

1　「うちにはテレビがない」と言うべきところを「うちにはテレビがあるじゃない」と言う。
2　「友達と遊ぶ。その人は日本人だ」と言うべきところを「友達と遊ぶ。あの人は日本人だ」と言う。
3　「家の前で話をしました」と言うべきところを「家の前に話をしました」と言う。
4　「何も考えられません」と言うべきところを「何も考えれません」と言う。

問題８　次の文章を読み，下の問い（問１～５）に答えよ。

異文化環境に移行すると，心理的にも様々な変化があり，違和感やストレスを感じたり，混乱が生じたりする。カルチャー・ショック(A)は，異文化適応過程の一部であると言われている。異文化適応の過程を説明するモデルは複数あり，よく知られているものとしては「Ｕカーブモデル(B)」やベネット（M.Bennett）が提唱した「異文化感受性発達モデル」がある。「異文化感受性発達モデル」では，自文化中心主義(C)（ethnocentrism）から文化相対主義（cultural relativism）への移行が基本的な道筋とされる。このような過程において，文化的アイデンティティ(D)に変化がもたらされる。異文化への接触や体験によってもたらされる文化変容を説明する理論的枠組みとしては，ベリー（J.W.Berry）が提唱した分類法(E)がよく知られている。

問１　文章中の下線部Ａ「カルチャー・ショック」に関する記述として最も適当なものを，次の１～４の中から一つ選べ。

1　新しい環境や人間関係の中で増幅され続ける。

2　自文化との差異を理解でき，視野が広がる段階である。

3　慣れ親しんだ行動規範を喪失することに起因する。

4　他者に対する優越感や劣等感によってもたらされる。

問２　文章中の下線部Ｂ「Ｕカーブモデル」に関する記述として最も適当なものを，次の１～４の中から一つ選べ。

1　異文化適応を出国から帰国直前までの精神的満足度の変化で説明している。

2　異文化適応を他者への配慮と自分への配慮の二つの軸で説明している。

3　異文化適応と自文化への再適応の二つの過程を合わせて説明している。

4　異文化適応をストレス，適応，成長のダイナミクスであると説明している。

問3　文章中の下線部C「自文化中心主義」に関して，日本人が異文化に対して自文化中心主義的な見方をしている例はどれか。最も適当なものを，次の１～４の中から一つ選べ。

1　手で食事をするのを見て，食事のマナーに反していると思う。

2　手で食事をするのを見て，そうしたい人はそうすればいいと思う。

3　手で食事をするのを見て，自分の国とは異なる文化だと思う。

4　手で食事をするのを見て，自分も同じようにまねすべきだと思う。

問4　文章中の下線部D「文化的アイデンティティ」の説明として最も適当なものを，次の１～４の中から一つ選べ。

1　個人の違いを超えた国家，民族などのパーソナリティーの特徴のこと

2　ある文化について人々に共有され，社会全体に普及した考えのこと

3　自分自身がある文化に所属しているという感覚あるいは意識のこと

4　信頼感などの心理的要因により自然に形成された集団内の関係性のこと

問5　文章中の下線部E「ベリー（J.W.Berry）が提唱した分類法」に関して，「統合」の説明として最も適当なものを，次の１～４の中から一つ選べ。

1　異文化を否定的に捉え，自文化を守り陶酔する状態

2　異文化を意識的に排除し，自文化も意識化しない状態

3　自文化を顧みず，異文化の全てを取り入れようとする状態

4　自文化を保ちながら，異文化も取り入れようとする状態

問題9　次の文章を読み，下の問い（問１～５）に答えよ。

ある年齢を過ぎると第二言語の習得が難しくなると言われている。「臨界期仮説（A）」は，このような考え方を説明するもので，バイリンガル教育においても注目されている。

二言語併用下にある外国人児童生徒等は，バイリテラル（B）に育つ可能性がある。その一方で，教科の成績が上がらないといった問題を抱えているケースが見られる。そのため，学習言語の解明とその養成のための指導が検討されてきた。学習言語は，言語的側面，認知的側面（C）などから成るとする説がある。その説を説明する概念として，カミンズ（J.Cummins）の学習言語能力（D）（CALP）がある。またカミンズは，第一言語と第二言語の関係について二言語基底共有説（E）（氷山説）も提唱しており，国内外のバイリンガル教育において広く参照されている。

問1　文章中の下線部Ａ「臨界期仮説」に関する記述として最も適当なものを，次の１～４の中から一つ選べ。

1　大人は抽象的分析能力が発達しているため，第二言語の自然習得が容易である。
2　第二言語の習得を開始する年齢が高ければ高いほど，最終的な到達度が高い。
3　大人より子どものほうが，第二言語習得の初期段階では習得速度が速い。
4　第二言語習得に適した開始時期（年齢）は，音韻や統語などでそれぞれ異なる。

問2　文章中の下線部Ｂ「バイリテラル」の説明として最も適当なものを，次の１～４の中から一つ選べ。

1　「聞く」「話す」「書く」は一言語で「読む」は二言語で十分に発達していること
2　「聞く」「読む」も「話す」「書く」も二言語ともに十分に発達していること
3　「聞く」「話す」が二言語ででき，認知・行動・心情面で文化を習得していること
4　「聞く」が二言語ででき，認知・行動・心情面で文化を習得していること

問3　文章中の下線部C「認知的側面」の**構成要素ではないもの**を，次の1～4の中から一つ選べ。

1　スピーチなどの場面に即したフォーマルな言語使用

2　教科書などの文章理解に効果的に働く背景知識

3　ノートをとったり文章を要約したりするためのメタ言語認識

4　著者の見方を理解して意図を探るなどの高次の思考

問4　文章中の下線部D「学習言語能力」に関する記述として最も適当なものを，次の1～4の中から一つ選べ。

1　「認知力必要度」が低く，「場面依存度」が高い言語活動ができる。

2　「認知力必要度」が低く，「場面依存度」も低い言語活動ができる。

3　「認知力必要度」が高く，「場面依存度」も高い言語活動ができる。

4　「認知力必要度」が高く，「場面依存度」が低い言語活動ができる。

問5　文章中の下線部E「二言語基底共有説」に関する記述として最も適当なものを，次の1～4の中から一つ選べ。

1　数学等の概念的知識や学習ストラテジーは，二言語間で転移する。

2　第二言語による基本的な対話能力は，2年程度で習得できる。

3　二言語を同等に使うためには，母語による認知能力の発達が必須である。

4　二言語は独立して機能し，頭の中の限られたスペースで二つが共存している。

問題10　次の文章を読み，下の問い（問１～５）に答えよ。

文章を読むとき，私たちは文の言語情報を解析しつつ，同時に過去に得た知識や概念を活性化させ，整合性のある理解を築こうとする。次の例文を読んでみよう。

＜例文＞
そのボクシング選手は代表選考から外れ，悔しがった。
彼女は何年も厳しい練習に耐えてきたのだ。

この二文目の「彼女」を「彼」に置き換えると，同じ文でも読み時間は短くなる。「彼女」だと読み時間が長くなるのは，「ボクシング選手」に対する (ア) が活性化され，認知的な葛藤が起きたことによる。また，読み手は推論A を行いながら文章を読む。このような読みの過程で，文と文との間の (イ) 関係が築かれる。その際，照応B の理解が重要な要素となる。

文章を正確に読むためには，メトニミーC などの理解も必要である。さらに，理解補償方略D，内容理解方略，理解深化方略といった文章理解方略を使って読み進めていくことも効果的である。

問１　文章中の (ア) と (イ) に入れるのに最も適当な組み合わせを，次の１～４の中から一つ選べ。

	(ア)	(イ)
1	レキシーム	結束
2	レキシーム	包摂
3	スキーマ	結束
4	スキーマ	包摂

問2　文章中の下線部Ａ「推論」の一種である「精緻化推論」に関する記述として最も適当なものを，次の１～４の中から一つ選べ。

1　二つの文を原因と結果で関係づける。

2　未知語の意味の推測に関わる。

3　文章の大意を把握するのに不可欠である。

4　文章のこの後の展開を予測する。

問3　文章中の下線部Ｂ「照応」に関して，文章中の例文に対する「照応」の記述として最も適当なものを，次の１～４の中から一つ選べ。

1　自身が体験したことのある「悔しがる」状況を想起する。

2　「彼女」と「そのボクシング選手」が同一人物かどうか考える。

3　「何年も」から「代表選考」は数年に一度だと解釈する。

4　「厳しい練習」とはどのような練習だったのかと想像する。

問4　文章中の下線部Ｃ「メトニミー」の例として最も適当なものを，次の１～４の中から一つ選べ。

1　ジョッキを飲み干す。

2　週末は花見に行こう。

3　友達が約束を破った。

4　パンの耳を食べる。

問5　文章中の下線部Ｄ「理解補償方略」の例として最も適当なものを，次の１～４の中から一つ選べ。

1　文章中の出来事を図や表で整理する。

2　段落ごとに，中心文と支持文を抜き出す。

3　分からなかった所に戻って読み直す。

4　文章に出てきた専門用語の訳語を調べる。

問題11　次の文章を読み，下の問い（問１～５）に答えよ。

言語は絶えず他言語と接触を繰り返しており，相互に影響を与えている。日本語は，古くから中国語の影響を大きく受け，漢語を取り入れてきた。また，16世紀半ばから17世紀初めには［(ア)］，18世紀から19世紀半ばには［(イ)］などの西欧語を外来語として取り入れた。日本国内の言語間でも言語接触が見られ，例えば<u>アイヌ語の音がそのまま残っていることが推測できる地名</u>(A)もある。

一方，明治期以降には，植民地主義政策のもとで行われた日本語教育により，新たな日本語の変種が生まれた。パラオでは，現地語と日本語の<u>ダイグロシア</u>(B)が形成された。また台湾では，日本語が<u>リンガフランカ</u>(C)として機能していた。そのような状況から台湾では日本語をベースとしたピジンが生まれ，「宜蘭(ぎらん)クレオール」と呼ばれる<u>クレオール</u>(D)になった。

問１　文章中の［(ア)］と［(イ)］に入れるのに最も適当な組み合わせを，次の１～４の中から一つ選べ

	(ア)	(イ)
1	ドイツ語	スペイン語
2	スペイン語	ドイツ語
3	ポルトガル語	オランダ語
4	オランダ語	ポルトガル語

問２　文章中の下線部Ａ「アイヌ語の音がそのまま残っていることが推測できる地名」はどれか。最も適当なものを，次の１～４の中から一つ選べ。

1　旭川

2　札幌

3　青森

4　弘前

問３　文章中の下線部Ｂ「ダイグロシア」の説明として最も適当なものを，次の１～４の中から一つ選べ。

1　二つの言語が母語として使用される社会で第三の言語が使用される状況

2　二つの言語が互いに機能を分担して一つの社会で使用される状況

3　一方の言語が他方の言語に取り替えられて，存続できなくなる状況

4　一方の言語が他方の言語の干渉を受けて，言語変容が起こる状況

問４　文章中の下線部Ｃ「リンガフランカ」の説明として最も適当なものを，次の１～４の中から一つ選べ。

1　異なる言語を話す話者間の共通語として用いられる言葉である。

2　一国内の共通語として定められる国の象徴的な言語である。

3　国民国家におけるナショナリズム醸成に利用される言葉である。

4　異なる国の間の共通語として国際機関が定めた媒介言語である。

問５　文章中の下線部Ｄ「クレオール」に関して，「ピジン」と比較した記述として**不適当なもの**を，次の１～４の中から一つ選べ。

1　ピジンと異なり，母語話者が存在する。

2　ピジンと異なり，公用語になったものがある。

3　ピジンと同様に，文法的な構造が未発達である。

4　ピジンと同様に，複数の言語からの語彙が見られる。

問題12　次の文章を読み，下の問い（問１～５）に答えよ。

言語間で語彙の特徴を調べると，同じ事象でも捉え方が異なることに気がつく。こういった現象を論じた理論に，サピア・ウォーフの仮説(A)がある。この仮説によると，例えば，色彩や気候に関する語彙は言語によって事象の切り取り方が異なる(B)。また，ある社会においては，特定の語が一般化した意味で使用される例(C)やその逆の現象も見られる。さらに，忌み言葉(D)など，特定の場面の縁起の良し悪しを反映した語彙もある。

日本語の語彙は，出自によって和語，漢語，外来語，混種語(E)に分けられており，表記も複雑であるという特徴がある。

問１　文章中の下線部Ａ「サピア・ウォーフの仮説」の説明として最も適当なものを，次の１～４の中から一つ選べ。

1　参加者・場所・話題の３要素が言語使用に複合的に影響するという考え方

2　内容を表す語が次第に抽象的な働きを果たすようになるという考え方

3　社会構造が言語の文法体系に影響を与えているという考え方

4　母語話者の思考や経験様式が言語に依存しているという考え方

問２　文章中の下線部Ｂと同様の例として最も適当なものを，次の１～４の中から一つ選べ。

1　日本語には「常識」「哲学」のように西欧語を翻訳した語彙がある。

2　日本語には「厚い」「暑い」のように同音異義の語彙がある。

3　日本語には「兄」「弟」のように生まれた順番に応じた語彙がある。

4　日本語には「旦那」「刹那」のように仏教を通じて入ってきた語彙がある。

問３　文章中の下線部Ｃ「特定の語が一般化した意味で使用される例」として最も適当なものを，次の１～４の中から一つ選べ。

1　瀬戸物

2　卵雑炊

3　花吹雪

4　親子丼

問４　文章中の下線部Ｄ「忌み言葉」を言い換えた表現の例として最も適当なものを，次の１～４の中から一つ選べ。

1　葬式で「お慰めの言葉もございません」と言う。

2　葬式で「ご愁傷さまです」と言う。

3　結婚式で「結びになりますが」と言う。

4　結婚式で「僭越ではございますが」と言う。

問５　文章中の下線部Ｅ「混種語」に関して，他と**語種の組み合わせが異なるもの**を，次の１～４の中から一つ選べ。

1　中華ソバ

2　窓ガラス

3　長ズボン

4　生ビール

問題13　次の文章を読み，下の問い（問１～５）に答えよ。

日常の場面では，様々なコミュニケーション上の行き違いが生じる。その行き違いには，音韻レベル，統語レベル(A)，意味レベルなど様々なものがある。文化的な相違に起因する行き違いは，高コンテクスト文化(B)と低コンテクスト文化という概念で説明されることがある。

また，期待されるコミュニケーション・スタイルも文化によって異なる。例えば，日本語の「褒めの応答」にも一定の傾向が見られ，状況や人間関係に応じて肯定応答，否定応答(C)，回避等が選択されている。

このような文化差が原因で，非母語話者が母語話者の持つ言語規範や期待から逸脱（違反）することがある。その場合に，円滑なコミュニケーションを目指して逸脱に対する評価や調整(D)が行われることもある。その調整の一例として意味交渉(E)が挙げられる。

問１　文章中の下線部Ａ「統語レベル」に関して，会話において統語レベルの誤解が起こっている例として最も適当なものを，次の１～４の中から一つ選べ。

1　「あれを取って」の「あれ」の指示対象を誤って解釈する。

2　「小さな猫の声」の修飾関係を誤って解釈する。

3　「沢田（さわだ）さん」を「真田（さなだ）さん」と聞き誤って解釈する。

4　断り表現の「結構です」を承諾と誤って解釈する。

問２　文章中の下線部Ｂ「高コンテクスト文化」に関する記述として最も適当なものを，次の１～４の中から一つ選べ。

1　個人間で共有された情報・経験を前提に伝達が行われる。

2　個人主義的で，互いに意見がはっきりと述べられる。

3　問題解決の際，回避せず直接的な話し合いが好まれる。

4　相手の発話がそのまま文字どおりの意味で解釈される。

問３　文章中の下線部Ｃ「否定応答」の例として，次の会話の［　(ア)　］に入れるのに最も適当なものを，下の１～４の中から一つ選べ。

Ｘ：あ，Ｔシャツ，いいね。かわいいよ。
Ｙ：［　(ア)　］

１　私，ちょっとＴシャツにはうるさいんです。
２　私，このブランドに目がないんです。
３　そうですか？ 肌触りも悪くないんですよ。
４　そうですか？ セールで買った安物なんですよ。

問４　文章中の下線部Ｄに関して，母語話者による「逸脱に対する評価や調整」の記述として**不適当なもの**を，次の１～４の中から一つ選べ。

１　非母語話者との談話を維持するのが困難な場合は，自身の発話を簡略化したり，発話を聞き返したりする傾向にある。
２　非母語話者に言語的な逸脱が起こる場合は，相づちや先取り発話などによって，非母語話者の会話を支援する傾向にある。
３　非母語話者に社会言語的な逸脱が起こる場合は，非母語話者に対して否定的な評価をしない傾向にある。
４　非母語話者との会話に大きな障害が生じない場合は，非母語話者の談話生成上の逸脱を深刻なものと捉えない傾向にある。

問５　文章中の下線部Ｅ「意味交渉」の例として最も適当なものを，次の１～４の中から一つ選べ。

1　Ｘ：買い物行きたいんだけど・・・。
　　Ｙ：雨だから，車で行こうか？

2　Ｘ：私，東京を出たことないんだよ。
　　Ｙ：ふーん，ずっと東京に住んでいたということ？

3　Ｘ：このあたりでレストラン探しているんだけど。
　　Ｙ：角を曲がったところにあるけど，おいしくないよ。

4　Ｘ：借りてた本，忘れたんだけど，今度返しても大丈夫？
　　Ｙ：うん，もう読んだからいつでもいいよ。

このページには問題が印刷されていません。

問題14は次のページにあります。

問題14　次の文章を読み，下の問い（問１～５）に答えよ。

国際交流基金は３年に１度，海外の日本語教育機関の状況を把握するための調査を実施している。2019年には「2018年度海外日本語教育機関調査」の速報結果が公開された。調査によると，海外の日本語学習者数は約385万人に上る（A）。

教育機関別に見ると，海外の学習者の半数近くが［(ア)］で日本語を学んでいる。前回調査と比較し，最も増加したのは［(イ)］で学ぶ学習者で，その数は80万人を超えている。学習目的（B）も多岐にわたっており，日本語学習の多様化がうかがえる。

このような状況を踏まえ，海外の日本語教育を支援するための様々な取り組み（C）が行われている。また，日本語学習者のためのウェブサイト（D）も多数公開されている。

問１　文章中の下線部Ａに関して，日本語学習者数が多い国・地域順に並べたものとして最も適当な組み合わせを，次の１～４の中から一つ選べ。

	１位	２位	３位
1	中国	インドネシア	韓国
2	中国	韓国	オーストラリア
3	韓国	中国	インドネシア
4	韓国	オーストラリア	中国

問２　文章中の［(ア)］と［(イ)］に入れるのに最も適当な組み合わせを，次の１～４の中から一つ選べ。

	(ア)	(イ)
1	中等教育機関	初等教育機関
2	中等教育機関	学校教育以外の機関
3	高等教育機関	初等教育機関
4	高等教育機関	学校教育以外の機関

問3　文章中の下線部Ｂ「学習目的」の１位，２位の最も適当な組み合わせを，次の１～４の中から一つ選べ。

	１位	２位
1	マンガ・アニメ・J-POP・ファッション等への興味	日本語を使っての受験や資格取得
2	マンガ・アニメ・J-POP・ファッション等への興味	日本語そのものへの興味
3	将来の仕事・就職	日本語を使っての受験や資格取得
4	将来の仕事・就職	日本語そのものへの興味

問4　文章中の下線部Ｃに関して，日本政府が行っている「日本語パートナーズ事業」の説明として最も適当なものを，次の１～４の中から一つ選べ。

1　２年以上の日本語教育経験のある教師を，現地の日本語教師への助言，教材作成の支援を行う人材として派遣する事業

2　日本政府のODA予算に基づき，開発途上国からの要請に見合った人材を募集し，訓練を経て派遣する事業

3　主にASEAN諸国の中学・高校などで，現地の日本語教師のアシスタントとして授業をサポートする人材を派遣する事業

4　全国の公立学校の若手教員を対象として，海外の日本語教育を行う初等中等教育施設に２年間派遣する事業

問5　文章中の下線部Ｄ「日本語学習者のためのウェブサイト」の名称と内容の最も適当な組み合わせを，次の１～４の中から一つ選べ。

	サイトの名称	内　容
1	くりっくにっぽん	主に海外の若い学習者を対象とし，映像のスキットを中心とした学習サイト。「Can-do」を中心に言語学習ができる。
2	かすたねっと	動画を見ながら日本や日本語について学ぶことができる学習サイト。趣味で日本語を学ぶ人を主な対象として，トピックごとに動画を視聴できる。
3	みんなの教材サイト	日本語学習に役立つ情報を技能別やレベル別に検索できるポータルサイト。日本語学習のサイトやツールを探すことができる。
4	みなと	オンラインコースを履修できる無料の登録制学習サイト。レベル別にコースを選択することができ，学習者同士の交流もできる。

このページには問題が印刷されていません。

問題15は次のページにあります。

問題15　次の文章を読み，下の問い（問１～５）に答えよ。

訪日外国人旅行客（訪日外客）数は2012年以降，増加傾向となった。日本政府観光局によると，2018年の訪日外客数は［（ア）］人を超えた。また，国・地域別の内訳では東アジアからの訪日外客数（A）が７割を超えている。これに対して日本政府は，受け入れ環境の整備および向上のための支援（B）に取り組んでいる。

受け入れ環境の整備の一つとして，国土交通省は2014年に観光地や公共交通機関等における情報提供の方法に関して「多言語対応の改善・強化のためのガイドライン（C）」を策定した。また，経済産業省はピクトグラムの活用を進め，国際規格等を参考にし，2017年に国内規格を改正した。改正されたピクトグラムの中には，国際規格に置き換えられたものもあれば，国際規格と従来の国内規格の選択制になったもの（D）もある。

問１　文章中の［（ア）］に入れるのに最も適当なものを，次の１～４の中から一つ選べ。

1　1,000万

2　2,000万

3　3,000万

4　4,000万

問２　文章中の下線部Ａ「東アジアからの訪日外客数」に関して，2018年から2019年の変化として最も適当なものを，次の１～４の中から一つ選べ。

1　中国からは増加し，韓国からは減少している。

2　香港からは増加し，中国からは減少している。

3　台湾からは増加し，香港からは減少している。

4　韓国からは増加し，台湾からは減少している。

問３　文章中の下線部Ｂ「受け入れ環境の整備および向上のための支援」に**当てはまらないもの**を，次の１～４の中から一つ選べ。

1　主要な国際空港等の公共空間に無料の公衆無線LANを整備した。

2　ムスリム旅行者のために食事や礼拝などの受け入れ環境を整えた。

3　日本の文化・風習の理解を促すためのマナー啓発動画を公開した。

4　自由に住宅を宿泊施設として提供できるよう規制緩和を行った。

問４　文章中の下線部Ｃ「多言語対応の改善・強化のためのガイドライン」に示された「対応言語の考え方」として最も適当なものを，次の１～４の中から一つ選べ。

1　禁止・注意を促す情報は，日本語と英語の２言語併記を基本とする。

2　案内・誘導を示す表示は，日本語と英・中・韓の４言語併記を基本とする。

3　専ら地域住民が使用する施設では，漢字・仮名とローマ字の併記を基本とする。

4　展示物の解説は，美観に配慮し視認性の高いフォントの使用を基本とする。

問５　文章中の下線部Ｄ「国際規格と従来の国内規格の選択制になったもの」はどれか。最も適当なものを，次の１～４の中から一つ選べ。

	意味	国際規格	従来の国内規格
1	ベビーケアルーム		
2	温泉		
3	駐車場	 P	 P
4	手荷物受取所		

このページには問題が印刷されていません。

このページには問題が印刷されていません。

令和２年度日本語教育能力検定試験

試験Ⅱ　問題冊子

30分

[注意事項]

1　「試験Ⅱを始めます」という指示があるまで，解答用紙への受験番号と氏名の記入以外は，鉛筆・シャープペンシルを持ってはいけません。

2　「試験Ⅱを始めます」という指示があるまで，この冊子の中を見てはいけません。

3　この問題冊子は19ページまであります。

4　問題は音声によって提示されます。

問題提示の前に，問題冊子および解答用紙の点検が指示されます。不備があった場合は，指示終了後直ちに手を挙げて，監督者に知らせてください。

問題の提示が始まってからは，問題冊子および解答用紙の取り替えは受け付けません。

5　監督者の指示に従って，解答用紙の所定の欄に，氏名および受験番号を正しく記入してください。受験番号は，数字欄に数字を記入し，その下のマーク欄にも必ずマークしてください。正しくマークされていないと，採点できないことがあります。

6　解答は全て解答用紙の解答欄にマークしてください。

例えば，問題１の１番に「ａ」と解答する場合，次の（例）のように問題１の１番の解答欄のⓐをマークしてください。

（例）

問題番号		解答欄			
問題1	例	ⓐ	●	ⓒ	ⓓ
	1番	●	ⓑ	ⓒ	ⓓ

問題冊子に記入しても採点されません。

また，後で転記する時間はないので，直接解答用紙の解答欄にマークしてください。

7　解答用紙の[注意事項]もよく読んでください。

8　この試験Ⅱの問題冊子は，必ず持ち帰ってください。ただし，この冊子の複写・複製，引用等は固く禁じます。

このページには問題が印刷されていません。

問題1は次のページにあります。

問題 1

これから学習者が文を言います。問題冊子の下線を引いた部分について，学習者がどのようなアクセント形式で言ったかを聞いて，該当するものを，問題冊子の選択肢a，b，c，dの中から一つ選んでください。

例 あそこに<u>食(た)べ物(もの)が</u>あります。

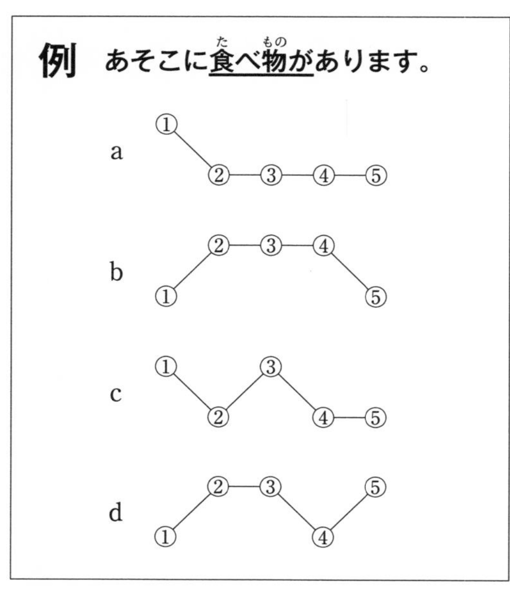

1番 コーヒーは，<u>濃(こ)くなければ</u>飲めます。

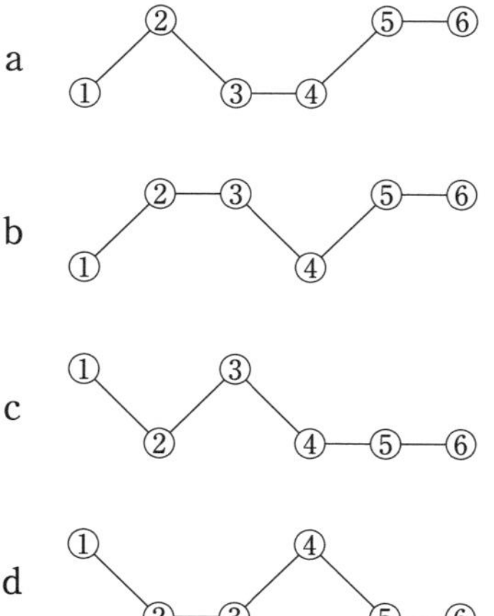

2番 これは，<u>温(あたた)めると</u>おいしいです。

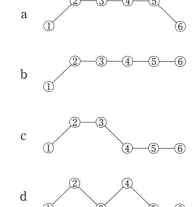

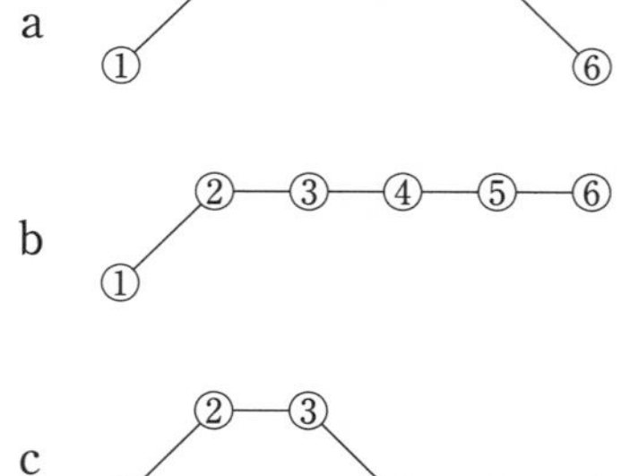

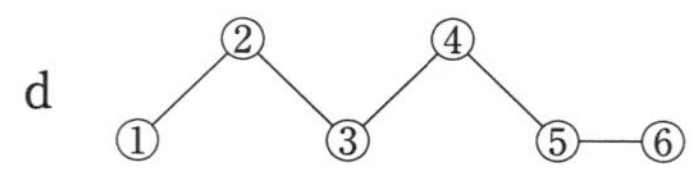

3番 日本の，あらゆることが，知りたいです。

a
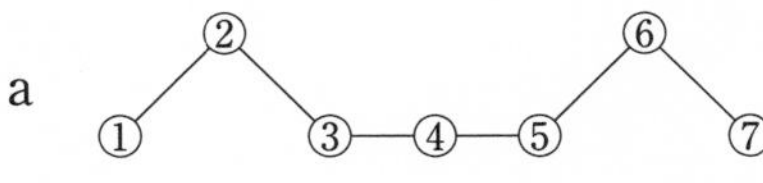

b
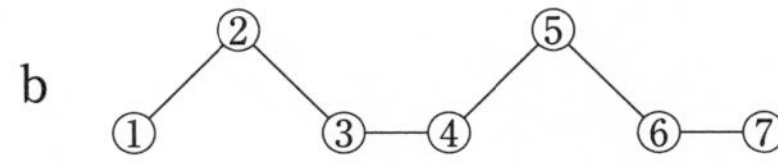

c
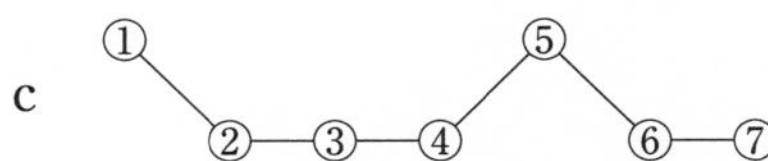

d
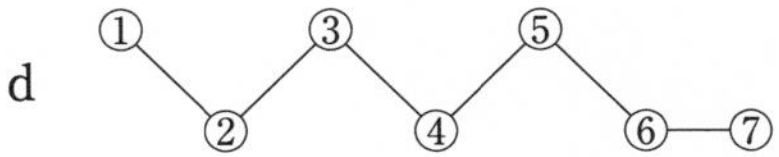

4番 今晩，ポテトサラダを作ります。

a
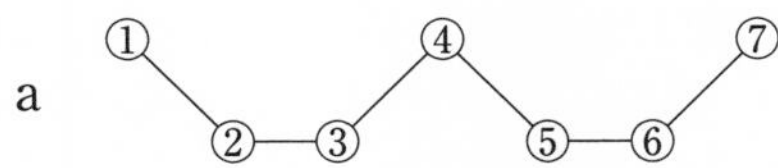

b
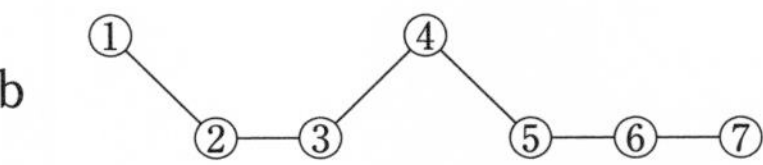

c
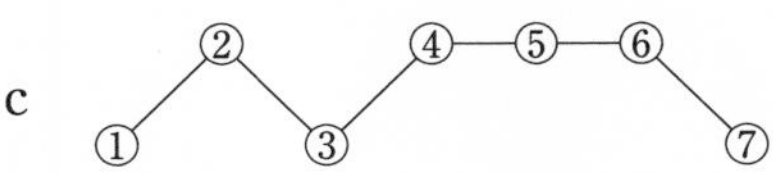

d
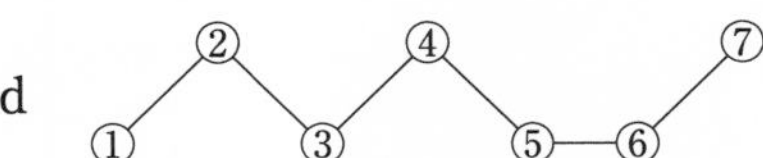

5番 まだ，始（はじ）めたばかりで，よく分かりません。

a
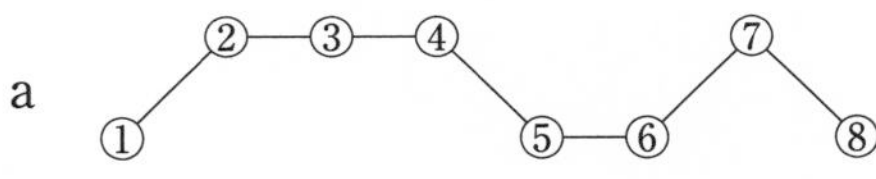

b
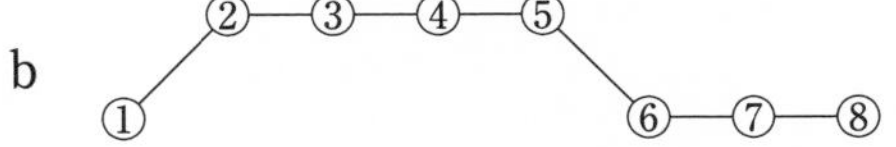

c
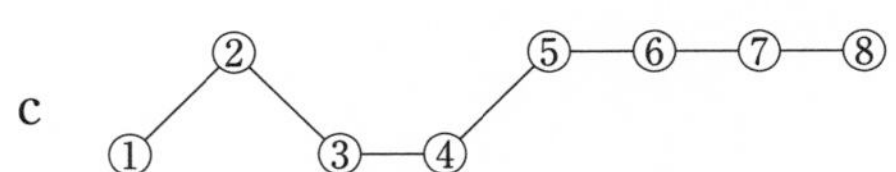

d
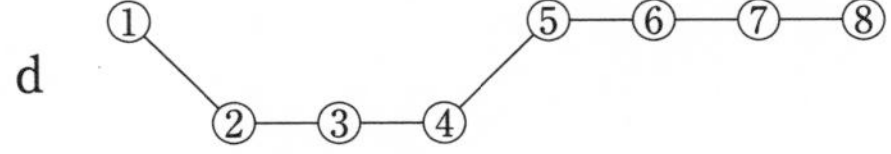

6番 その映画を，ドキドキしながら見ました。

a
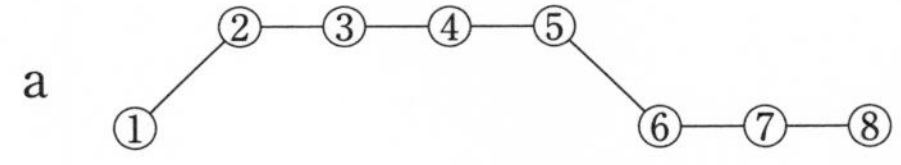

b
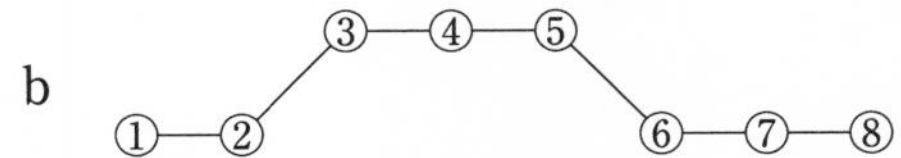

c
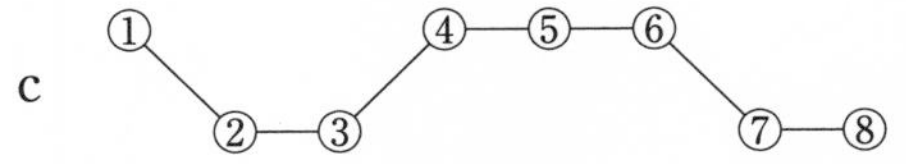

d
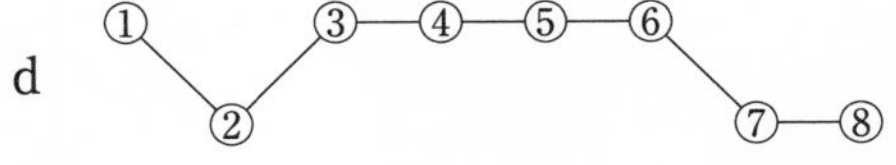

問題 2

これから，教師が，学習者の発音上，問題がある箇所を言い直します。発音上の問題として最も適当なものを，問題冊子の選択肢 a， b， c， d の中から一つ選んでください。

例

a　拍の長さ
b　プロミネンス
c　アクセントの下がり目 と プロミネンス
d　句末・文末イントネーション

1 番

a　アクセントの下がり目 と プロミネンス
b　アクセントの下がり目
c　拍の長さ と プロミネンス
d　句末・文末イントネーション

2 番

a　アクセントの下がり目 と プロミネンス
b　アクセントの下がり目
c　アクセントの下がり目 と 句末・文末イントネーション
d　句末・文末イントネーション

3 番

a　拍の長さ
b　アクセントの下がり目
c　特殊拍の種類
d　句末・文末イントネーション

4番

a　拍の長さ

b　プロミネンス

c　アクセントの下がり目

d　ポーズの位置

5番

a　アクセントの下がり目 と プロミネンス

b　句末・文末イントネーション

c　拍の長さ と アクセントの下がり目

d　拍の長さ と プロミネンス

6番

a　拍の長さ

b　アクセントの下がり目

c　ポーズの位置

d　特殊拍の種類

問題 3

これから，教師が，学習者の発音上，問題がある箇所を言い直します。発音上の問題として最も適当なものを，問題冊子の選択肢 a，b，c，d の中から一つ選んでください。

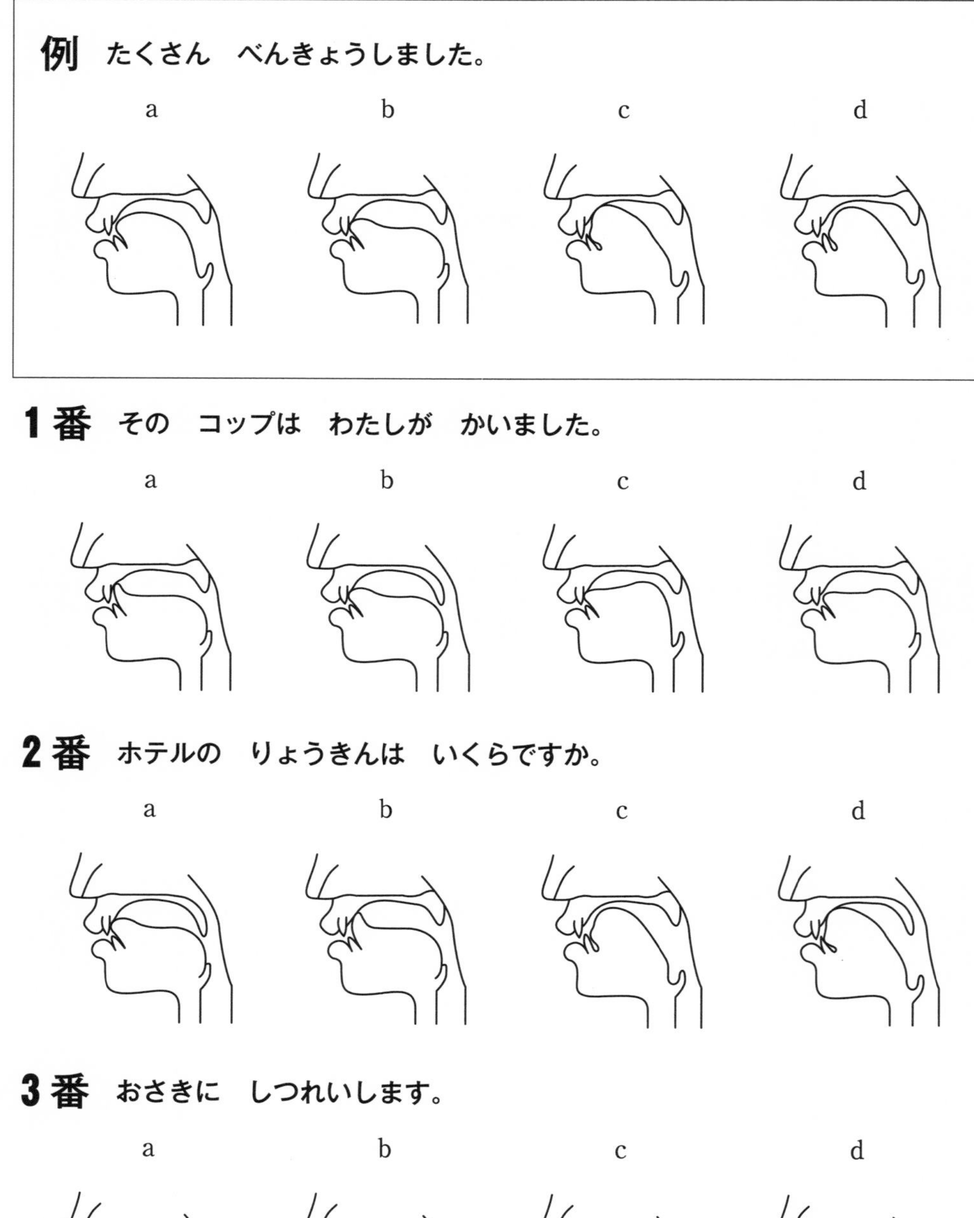

例　たくさん　べんきょうしました。
a　b　c　d
1番　その　コップは　わたしが　かいました。
a　b　c　d
2番　ホテルの　りょうきんは　いくらですか。
a　b　c　d
3番　おさきに　しつれいします。
a　b　c　d

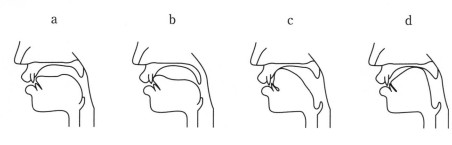

4番 **ごはんは　じぶんで　つくります。**

a　調音点

b　調音法

c　声帯振動

d　舌の高さ

5番 **いろいろな　くにの　ひとと　こうりゅうします。**

a　調音点

b　調音法

c　調音点 と 調音法

d　声帯振動

6番 **まいあさ　はちじに　しゅっきんします。**

a　調音点

b　調音法

c　舌の高さ

d　舌の前後位置

7番 **しょうしょう　おまちください。**

a　調音点

b　調音点 と 調音法

c　調音法 と 声帯振動

d　気息の有無

8番 **きのうの　えいが　かんどうしました。**

a　調音点

b　舌の高さ

c　調音点 と 舌の高さ

d　声帯振動 と 唇のまるめ

問題４

これから，日本語を母語とする人と日本語を母語としない人の会話などを聞きます。それぞれについて，問いが複数あります。それぞれの問いの答えとして最も適当なものを，問題冊子の選択肢ａ，ｂ，ｃ，ｄの中から一つ選んでください。**（この問題には例がありません。）**

１番

教育実習生が，授業をしています。最初に話すのは教育実習生です。

問１　フィードバックの方法としてこの教育実習生が**用いていない**のは，次のうちどれですか。

ａ　明示的訂正

ｂ　視覚的情報の提示

ｃ　モデル音声の提示

ｄ　学習者の誤用の繰り返し

問２　この教育実習生の発音指導上の問題点は，次のうちどれですか。

ａ　リズムを修正していない。

ｂ　プロミネンスの指導を行っていない。

ｃ　助詞を含めた指導を行っていない。

ｄ　提示したアクセントが一定でない。

2番 授業で留学生が，話しています。

問1 この留学生の発話に観察される音声的な特徴は，次のうちどれですか。

a 不自然な複合語アクセントになっている。

b 不自然な位置にポーズが挿入されている。

c 不自然な句末イントネーションを用いている。

d 不自然なプロミネンスが置かれている。

問2 この留学生の発話の特徴は，次のうちどれですか。

a 接続詞を使用していない。

b 前置き表現を使用していない。

c テンス・アスペクトに誤りが見られる。

d 伝聞表現に誤りが見られる。

3番 外国人が，レジでお金を払っています。最初に話すのは店員です。

問1 この店員の話し方の特徴は，次のうちどれですか。

a 美化語を多用している。

b マニュアル敬語を使っている。

c 二重敬語を多用している。

d 移行適格場所（TRP）を無視している。

問2 この会話で意思疎通がうまくいかなかった理由は，次のうちどれですか。

a 店員が両義的な表現を用いたから

b 店員が否定を肯定と理解したから

c 外国人が動作主を聞き誤ったから

d 外国人が言いさし表現を使ったから

問題５

これから，日本語学習者向けの聴解教材などを聞きます。それぞれについて，問いが複数あります。それぞれの問いの答えとして最も適当なものを，問題冊子の選択肢 a，b，c，dの中から一つ選んでください。**（この問題には例がありません。）**

１番

聴解問題(1)

（音声のみの聞き取り問題です。）

問１　この聴解素材に現れている日本語会話の特徴は，次のうちどれですか。

a　縮約形が使われている。

b　フィラーが使われている。

c　主語が省略されている。

d　格助詞が省略されている。

問２　この聴解問題の問題点は，次のうちどれですか。

a　選択肢に正答がない。

b　会話の目的が理解しにくい。

c　問いの意味が不明確である。

d　最後だけ聞けば正答が導き出せる。

2番

聴解問題(2)

（音声のみの聞き取り問題です。）

問1　この聴解素材の特徴は，次のうちどれですか。

a　IRE／IRF型の発話連鎖が見られる。

b　意見の述べ方が間接的である。

c　聞き手が話し手の情報を補っている。

d　時系列に沿って話題が展開している。

問2　この聴解問題を解くために必要な知識は，次のうちどれですか。

a　縮約形に関する知識

b　配慮表現に関する知識

c　飲食文化に関する知識

d　比喩的に使われた語の知識

3番

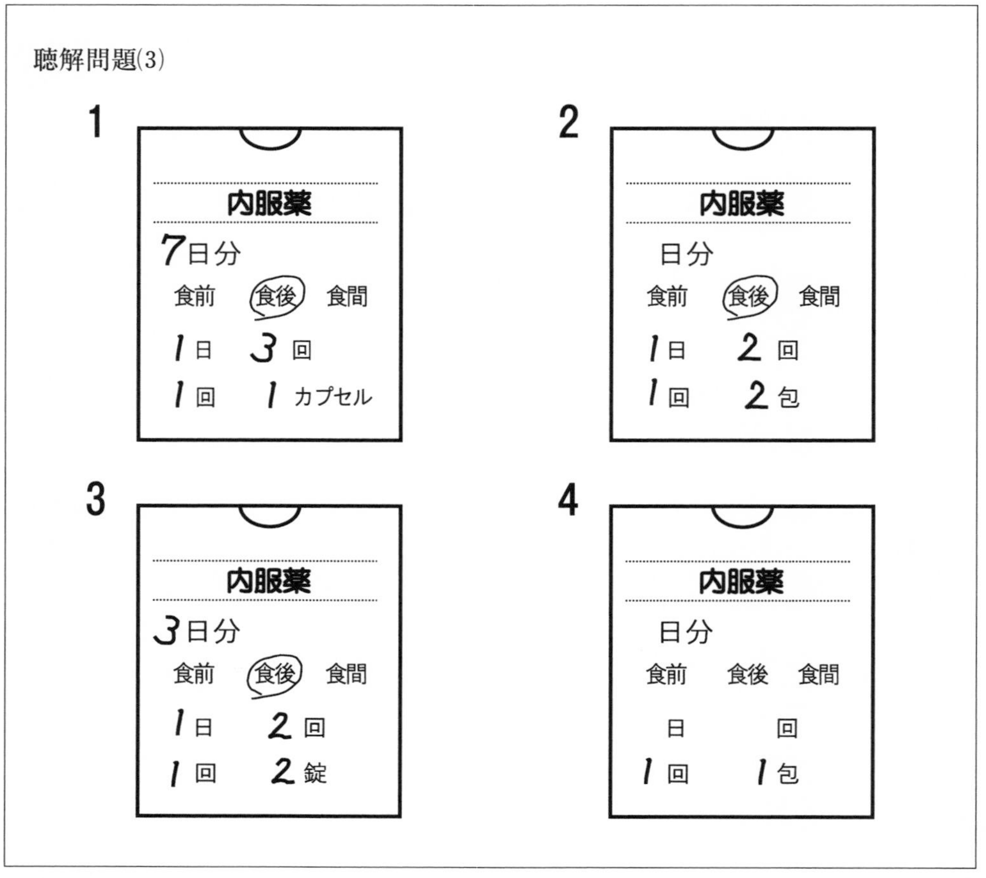

問1　この聴解問題を解く際に意味を理解できなくても解答に**支障がない語**は，次のうちどれですか。

a　1日3回

b　錠

c　解熱剤

d　38度以上

問2　この聴解問題で測ろうとしている能力は，次のうちどれですか。

a　大意をつかみながら聞き取る能力

b　必要な情報を選別しながら聞く能力

c　省略された情報を補う能力

d　前後関係を推測する能力

このページには問題が印刷されていません。

問題６は次のページにあります。

問題6

これから，学習者が短い文を言います。その中に含まれる誤りの説明として最も適当なものを，問題冊子の選択肢ａ，ｂ，ｃ，ｄの中から一つ選んでください。

例

a　副詞と動詞の混同

b　名詞と動詞の混同

c　イ形容詞と動詞の混同

d　ナ形容詞と動詞の混同

1番

a　転音が生じている。

b　音位転換が生じている。

c　連濁が生じている。

d　連声が生じている。

2番

a　副詞節の誤り

b　接続助詞の誤り

c　可能形の不使用

d　使役形の不使用

3番

a　副詞の誤り

b　格助詞の誤り

c　条件表現の誤り

d　依頼を表す表現の誤り

4番

a　意向形の誤り

b　過去形の誤り

c　命令形の誤り

d　助動詞の活用形の誤り

5番

a　使役形の誤り

b　助動詞の誤り

c　副詞の誤り

d　助詞の誤り

6番

a　名詞の誤り

b　副詞の誤り

c　テンスの誤り

d　接続助詞の誤り

7番

a　動詞の活用の誤り

b　連体修飾の誤り

c　複合名詞の誤り

d　形式名詞の誤り

8番

a　否定と肯定の混同

b　格助詞と係助詞の混同

c　疑問詞の付加の誤り

d　複合助詞の誤り

このページには問題が印刷されていません。

このページには問題が印刷されていません。

令和２年度日本語教育能力検定試験

試験Ⅲ　問題冊子

120分

[注意事項]

1　試験開始の合図があるまで，この問題冊子の中を見てはいけません。

2　この問題冊子は47ページまであります。

3　試験中に，問題冊子の印刷不鮮明，ページの落丁・乱丁および解答用紙の汚れ等に気づいた場合は，手を挙げて監督者に知らせてください。

4　監督者の指示に従って，解答用紙（マークシートと記述解答用紙）の所定の欄に，氏名および受験番号を正しく記入してください。受験番号は，数字欄に数字を記入し，その下のマーク欄にも必ずマークしてください。正しくマークされていないと，採点できないことがあります。

5　問題１～16の解答はマークシートの解答欄にマークしてください。

例えば，問題１の問１に「２」と解答する場合，次の（例）のように問題１の問１の解答欄の②をマークしてください。

（例）

問題番号		解答欄
問題1	問１	①　●　③　④
	問２	①　②　③　④

問題17の解答は記述解答用紙に記入してください。

問題冊子に記入しても採点されません。

6　解答用紙の［注意事項］もよく読んでください。

7　この試験Ⅲの問題冊子は，必ず持ち帰ってください。ただし，この冊子の複写・複製，引用等は固く禁じます。

このページには問題が印刷されていません。

問題１は次のページにあります。

問題1　次の文章を読み，下の問い（問１～５）に答えよ。

日本語のテンスとアスペクトの形式を自然に使いこなすのは上級学習者にとっても難しい。ここでは，動詞，形容詞，名詞の非過去形の総称をル形と呼ぶ。したがって，テンス・アスペクトの形式は，ル形，タ形，テイル形，テイタ形に分類されるものとする。

述語がル形である場合，その語が動作性か状態性かによって意味が異なり，動作動詞（非状態動詞）のル形は基本的に未来を表す[A]。タ形の場合は，過去の出来事を表すものと，単なる過去ではない，完了を表すもの[B]がある。さらに，通常の過去・完了の用法とは異なる，いわゆる「ムードの『タ』[C]」と呼ばれる用法もあり，主に状態述語に特徴的に表れる。また，テンスには絶対テンスと相対テンスという種類がある。例えば，「パーティーに来た人に写真を送る」という文における従属節のテンスは，相対テンスとして働く場合がある[D]。

また，テンス・アスペクトの諸形式は，運用の観点からも留意すべき点が少なくない。例えば，学習者が試着しようと思った服が既に破れていたときに，店員に「すみません，破れました」と言ってしまうような誤用[E]は重大なコミュニケーション上のトラブルを引き起こす可能性がある。教師はこうしたテンス・アスペクトの複雑な用法をよく理解し，指導に当たる必要がある。

問1　文章中の下線部Aの例として最も適当なものを，次の１～４の中から一つ選べ。

1　来週，札幌にいるよ。
2　夏になれば泳げるよ。
3　鉄は水に濡れるとさびるよ。
4　午後，電話するよ。

問2　文章中の下線部Ｂ「完了を表すもの」のタ形の例として最も適当なものを，次の１～４の中から一つ選べ。

1　（子どもが母親に）「クラスの旅行は面白かったよ」
2　（先輩が後輩に）「先週山田さんに会えた？」
3　（教授が学生に）「この論文は読みましたか？」
4　（兄が弟に）「公園でお祭りがあったね」

問3　文章中の下線部C「ムードの『タ』」の例として**不適当なもの**を，次の1～4の中から一つ選べ。

1　もっと早く行けば買えたのに。

2　彼も子どもの頃は可愛かったな。

3　探していた本がこんな所にあったよ。

4　明日は午後から会議だったな。

問4　文章中の下線部Dに関して，例文の相対テンスに関する記述として最も適当なものを，次の1～4の中から一つ選べ。

1　「パーティーに来た」という出来事を，発話時よりも未来に起こることとして表すことが可能である。

2　「パーティーに来た」という出来事を，発話時よりも過去に起こったこととして表すことが不可能である。

3　「写真を送る」という出来事は，「パーティーに来た」時点よりも過去に起こっている。

4　「写真を送る」という出来事は，発話時と「パーティーに来た」という出来事との間で起こっている。

問5　文章中の下線部Eに関して，こうした誤用を避けるために必要なテンス・アスペクトの知識として最も適当なものを，次の1～4の中から一つ選べ。

1　「破れました」と言うと，目的を持ってある動作を完了したことを表す。

2　「破れました」と言うと，直接その場面を確認したということを表す。

3　「破れました」と言うと，出来事に対する話し手の残念な気持ちを表す。

4　「破れました」と言うと，一回的な出来事ではない属性や性質を表す。

問題２　次の文章を読み，下の問い（問１～５）に答えよ。

発話中に話者が音声を発しない区間のことをポーズという。ポーズは，一つ一つの単音を見ているだけでは捉えられない音声の［(ア)］特徴の一つである。したがって，単音の規範的な調音法で生じる無音区間（A）とは異なる。学習者が「さき（先）」を「さっき」のように発音してしまう誤用は，閉鎖区間が日本語の母語話者の規範よりも長く，促音のように聞こえてしまうもので，ポーズの使い方に関する誤用ではない。

ポーズは息継ぎのためという生理的に不可欠なものと，話者が意図的に入れるものとに大別できる。意図的なポーズには，曖昧文の統語構造を分かりやすくする機能（B）などがある。この機能は，プロソディー（C）によっても実現できる。スピーチの音声指導の際には，適切なポーズの入れ方（D）やプロソディーについても指導できると良い。

問１　文章中の［(ア)］に入れるのに最も適当なものを，次の１～４の中から一つ選べ。

1　超分節的

2　示差的

3　音調的

4　線条的

問２　文章中の下線部Ａ「単音の規範的な調音法で生じる無音区間」を含む例として最も適当なものを，次の１～４の中から一つ選べ。

1　うみ

2　あか

3　にわ

4　ぬま

問3　文章中の下線部B「曖昧文の統語構造を分かりやすくする機能」をポーズが担っている例として最も適当なものを，次の１～４の中から一つ選べ。

1　「東京の友達のお姉さんが遊びにきた」という文で，「友達の」の後にポーズを置くことによって，東京にいるのが友達ではないことを示す。

2　「警官は必死に逃げる犯人を追いかけた」という文で，「警官は」の後にポーズを置くことによって，必死だったのが犯人であることを示す。

3　「昨年あの家を建てた建築士は引退した」という文で，「建てた」の後にポーズを置くことによって，建築士がしたことは家を建てたことであることを示す。

4　「この前叔母からもらった桃を食べた」という文で，「桃を」の後にポーズを置くことによって，食べたのが「この前」が指す時点であることを示す。

問4　文章中の下線部C「プロソディー」に関して，日本語の共通語のプロソディーの特徴として**不適当なもの**を，次の１～４の中から一つ選べ。

1　「大学の友達と行く」などの文で，呼気の減少に応じてピッチパターンが「へ」の字型になる。

2　「火（ひ）」と「日（ひ）」などの語では，語の意味の区別にアクセントが影響する。

3　「弟は」などの句では，アクセント核のあるモーラでピッチが大きく上昇する。

4　「食べますか」などの疑問文で，発話末を上昇させることで疑問を表す。

問5　文章中の下線部D「ポーズの入れ方」を指導する際の留意点として最も適当なものを，次の１～４の中から一つ選べ。

1　ポーズは，一定時間ごとに入れるように指導する。

2　ポーズを置いたあとでは，ピッチが上がらないように指導する。

3　分かりやすい発話にするために，ポーズは助詞の前に入れるように指導する。

4　文と文の間か，段落と段落の間かでポーズの長さを変えるように指導する。

問題3　次の文章を読み，下の問い（問1～5）に答えよ。

日本語教育では，対人的な言語の運用についても指導する必要がある。発話の意味は，発話を構成するそれぞれの語の［ (ア) ］意味だけではなく，それが発話された場面や発話参加者が持っている背景的知識によって決まる。つまり，発話はある特定の状況においては命題的意味とは別の発話の力を発揮する(A)こともある。このように，コミュニケーションにおいて発話を何らかの機能を持つ一つのユニットとして捉えるとき，これを発話行為と呼ぶ。

発話行為には，遂行動詞(B)を使った直接的な発話行為と，間接的な発話行為がある。挨拶は慣用化した間接的な発話行為の一つであり，言語文化と深い関わりがある。

日本語教育には，異文化コミュニケーションや比較文化の知識(C)も求められる。学習者の母語や文化との異なりを踏まえ，学習者がコミュニケーションにおいて不利益を被らないように指導をすることが必要(D)である。

問1　文章中の［ (ア) ］に入れるのに最も適当なものを，次の1～4の中から一つ選べ。

1　表出的な

2　辞書的な

3　伝達的な

4　類推的な

問2　文章中の下線部Aの例として最も適当なものを，次の1～4の中から一つ選べ。

1　「水は100度で沸騰する」と事実を述べる。

2　「この星をメラリスと呼ぼう」と命名する。

3　「心からお詫びします」と相手に謝罪する。

4　「喉が渇いたなあ」と相手に伝える。

問3　文章中の下線部B「遂行動詞」に関して，その分類と動詞の組み合わせとして最も適当なものを，次の１～４の中から一つ選べ。

	分類	動詞
1	宣告命名型（declaratives）	断言する
2	行為拘束型（commissives）	命ずる
3	行為指導型（directives）	約束する
4	心理表出型（expressives）	感謝する

問4　文章中の下線部C「比較文化の知識」に関する記述として最も適当なものを，次の１～４の中から一つ選べ。

1　中国や日本は漢字文化圏であるが，韓国やベトナムは非漢字文化圏である。

2　日本語は「なる」型言語，英語は「する」型言語であると言われる。

3　日本は「罪の文化」，西洋は「恥の文化」として類型化されている。

4　タテ社会は個人の「資格」の認識，ヨコ社会は集団の「場」の認識が強い。

問5　文章中の下線部Dに関して，指導上の留意点として**不適当なもの**を，次の１～４の中から一つ選べ。

1　相手が熟知している情報を伝えるときは終助詞「よ」を使う。

2　相手と共有している情報を伝えるときは終助詞「ね」を使う。

3　目上の相手の労をねぎらうときは「ご苦労さま」を避ける。

4　目上の相手に願望を聞くときは「～たいですか」を避ける。

問題４　次の文章を読み，下の問い（問１～５）に答えよ。

二つの似ている言語表現が常に相互に言い換え可能なわけではない。類義の表現の間にも意味の違いがある(A)。弁別的な意味の違いがなくても，文体，位相，地域の違いがある場合もある(B)。文のレベルの類義関係に目を向けると，「～くせに…」と「～のに…」(C)のように，意味は重なるが，用法が異なる文型もある。また，「～反面…」と「～一方で…」も類義の文型であるが，「～反面…」にはなく「～一方で…」だけが表す意味(D)もあり，言い換えができない場合もある。

類義の表現による言い換えは，日本語教育の現場でも留意が必要である。教師は，教室内で初級や中級の学習者と話す際に，多くの学習者にとってより理解しやすい類義の表現に言い換える(E)等，類義関係に敏感であることが求められる。

問１　文章中の下線部Ａ「類義の表現の間にも意味の違いがある」例として最も適当なものを，次の１～４の中から一つ選べ。

1　「幼稚」は評価の対象が人であり，「未熟」は評価の対象が行為である。

2　「初めて」は２者間の比較に用い，「最初に」は３者以上の比較に用いる。

3　「のぼる」は焦点が経路にあり，「あがる」は焦点が到達点にある。

4　「予定だ」は自分の計画であることを示し，「つもりだ」は他者の計画を示す。

問２　文章中の下線部Ｂに関する記述として最も適当なものを，次の１～４の中から一つ選べ。

1　「あやうい」と「あぶない」は方言か共通語かが異なる。

2　「おでこ」と「ひたい」は俗語か一般語かが異なる。

3　「あした」と「あす」は女性語か男性語かが異なる。

4　「あったかい」と「あたたかい」は幼児語か一般語かが異なる。

問3　文章中の下線部C「『～くせに…』と『～のに…』」の文法上の共通点として最も適当なものを，次の1～4の中から一つ選べ。

1　従属節と主節には異なる主語が入る。

2　従属節に状況判断の「はずだ」を用いることができる。

3　ナ形容詞や名詞の後に接続する際には「な」を伴う。

4　問いかけの文では主節に「の（だ)」が必要になる。

問4　文章中の下線部D「『～反面…』にはなく『～一方で…』だけが表す意味」として最も適当なものを，次の1～4の中から一つ選べ。

1　従属節の事態と並行し，それとは対照的な側面の主節事態も成立する「対比」

2　従属節の事態と並行し，それと同様の内容を表す主節事態も成立する「累加」

3　従属節の事態が先行し，それとは無関係に主節の事態が成立する「継起」

4　従属節の事態が原因となり，そのために予想外の主節事態が成立する「因果関係」

問5　文章中の下線部Eの例として最も適当なものを，次の1～4の中から一つ選べ。

1　「これは間違えてもおかしくない問題です」を「これは多くの人が間違える問題です」と言い換える。

2　「髪型を変えて印象がよくなった」を「ヘアスタイルを変えてイメージアップした」と言い換える。

3　「彼らはいつもいがみ合っています」を「彼らは犬と猿のような関係です」と言い換える。

4　「京都は非常に美しいところです」を「京都はそれはもうきれいなところです」と言い換える。

問題5　ある地域の日本語教室に関する次の資料を読み，後の問い（問1～5）に答えよ。
＜資料＞は授業の概要である。

＜資料＞　授業の概要

<table>
<tr><td colspan="2">方　針</td><td>文化庁の「『生活者としての外国人』に対する日本語教育の標準的なカリキュラム案」A（「カリキュラム案」）を参考に授業を行う。</td></tr>
<tr><td colspan="2">レベル</td><td>初中級</td></tr>
<tr><td colspan="2">授業時間</td><td>60分×２コマ</td></tr>
<tr><td colspan="2">学習者</td><td>10～20名が参加（日本滞在歴，母語，年代，職業などは様々）</td></tr>
<tr><td colspan="2">教　材</td><td>「カリキュラム案」を参考に作成したモジュール型教材B</td></tr>
<tr><td colspan="2">目　標C</td><td>地震が起きた際に適切な行動がとれるようになる。</td></tr>
<tr><td rowspan="4">授業の流れ</td><td>STEP 1</td><td>・地震に関連する写真を見て，感じたことを話し合い，地震のイメージを共有する。
・地震の時にとるべき行動についてグループで考える。</td></tr>
<tr><td>STEP 2</td><td>STEP 1の状況に応じて以下のような活動を行う。
・防災用品の使用法を説明書などで確認したうえで実物に触れる。
・支援者が具体的な指示を与え，学習者はそれに従い防災用品を身につけたり，適切な行動をとったりする。
・自分に必要な防災用品のリストを作る。</td></tr>
<tr><td>STEP 3D</td><td>・大規模地震の発生後に流れたニュースを聞く。</td></tr>
<tr><td>STEP 4</td><td>・全体で振り返りを行う。</td></tr>
</table>

問1　＜資料＞の下線部Aに関する記述として最も適当なものを，次の１～４の中から一つ選べ。

1　在住外国人の居住地域により日本語教育の格差が生じないよう，教えるべき内容を標準化したカリキュラムである。

2　在住外国人が日本で生活するうえで必要な文法事項を網羅的に整理したカリキュラムである。

3　在住外国人が地域社会で共生するために必要な課題遂行能力を６段階で示したカリキュラムである。

4　在住外国人が生活基盤を形成するために必要不可欠な生活上の行為の事例をまとめたカリキュラムである。

問2　＜資料＞の下線部Ｂ「モジュール型教材」を取り入れる利点として最も適当なものを，次の１～４の中から一つ選べ。

1　各課が単独で完結している教材であり，継続して教室へ通うことが難しい学習者に対応できる。

2　発音練習，映像教材，参考資料などがデジタル化された教材であり，提示する内容を容易に検索できる。

3　現実社会で実際に使われているものを集めた教材であり，教室内でも真正性の高いインプットを与えることができる。

4　文法説明や練習問題などがある文型中心の教材であり，学習者が自宅で自律的に学習することができる。

問3　＜資料＞の下線部Ｃ「目標」を達成するために「STEP 2」で行う活動と同じ趣旨の活動として最も適当なものを，次の１～４の中から一つ選べ。

1　地震について知っていることや自分の経験を教室内で話し合う。

2　周辺の避難場所を調べ，自宅からの避難経路を地図に書き込む。

3　起震車で地震の揺れを実際に体験し，感想文を書く。

4　災害伝言板で使われる漢字の読み方を調べ，教え合う。

問4　<資料>の下線部Ｄ「STEP 3」の活動に関して，ここではスキャニングを行うことにした。その活動として最も適当なものを，次の１～４の中から一つ選べ。

1　日本語力の不足を補い合ってニュース全体を理解するため，各自が聞きながら取ったメモを持ち寄り，再度聞いて他の学習者とニュースを再構築する活動

2　メディアによる災害の伝え方の違いを知るため，各自が別々のニュースを聞いて内容の大意を伝え合い，報道内容と目的を比較する活動

3　母国にSNSを使って母語で地震の状況を発信するため，日本のニュースの概要を聞き取る活動

4　避難する手段を判断するため，ニュースから道路情報や交通機関の運行情報などを聞き取る活動

問5　近年，地域の日本語教室では「対話中心の活動」が行われている。「対話中心の活動」の例として最も適当なものを，次の１～４の中から一つ選べ。

1　学習者が自宅で必要な文型や単語を予習していることを前提として，教室では学習者と会話を行うことに時間を割き，実践力を高める活動

2　教室にゲストとして外部から母語話者を招き，学習者のインタビュー活動に協力してもらい，学習者に習得した言語知識を活用する機会を与える活動

3　学習者と支援者が対等な関係で日本語のコミュニケーションをすることで，相互理解を深めながら日本語を身につける活動

4　学習者にまずロールプレイを行わせ，うまく言えなかった語や表現をフィードバックすることで定着を図る活動

このページには問題が印刷されていません。

問題６は次のページにあります。

問題 6　次の文章と資料を読み，後の問い（問１～５）に答えよ。

口頭運用能力のレベル判定のために，OPI（Oral Proficiency Interview）による会話テストでインタビューと$\underline{\text{ロールプレイ}}_{\text{A}}$を行った。ロールプレイには，次のロールカードを用いた。

＜ロールカード＞

> あなたは大学生でコンビニでアルバイトをしています。急用があって，明日はアルバイトに行くことが難しいです。店長に理由を伝えて休む許可を得てください。

次の＜資料＞は，ロールプレイの際の教師と韓国語を母語とする学習者との会話を書き起こしたものである。

＜資料＞　ロールプレイの際の教師と韓国語を母語とする学習者との会話

学習者：んー，ん，店長。

教　師：はい，どうしましたキムさん。

学習者：私は，んー，明日，ここに，んー，明日，区役所に，行かなけ，行かなければなりません，それで，ここに，来るー，来ないこ，来ることはできません。

教　師：明日ですか，区役所なら，午前中に行ったらどうですか。

学習者：じゅぎょ，授業がありますから，ちょっと$\underline{\text{難しいだと思います}}_{\text{B}}$。

教　師：あーそうですか。じゃ，明日は休みね。

学習者：すみません。

教　師：あさって，商品整理をしてほしいんだ$\underline{\text{けど}}_{\text{C}}$，来られますか。

学習者：あー，んー，どよ，土曜日はいいだと思います。

教　師：じゃあ，土曜日，ちょっと早めに来られますか，ここに。

学習者：$\underline{\text{はやめー}}_{\text{D}}$。

教　師：少し早く。

学習者：あー，少し早く。大丈夫だと思います。

教　師：大丈夫ですか，じゃあ，あさって，11時に来てください。

学習者：はい，分かりました。ありがとうございます。

問1　文章中の下線部A「ロールプレイ」に関して，OPIでロールプレイを行う目的として最も適当なものを，次の１～４の中から一つ選べ。

1　やり取りの中で口頭でできることの上限や下限を確認するため

2　無理なく話せる言語レベルでやり取りすることで，達成感を与えるため

3　インタビュー時よりも緊張感を和らげ，質の高いパフォーマンスを引き出すため

4　学習者の興味や経験を知り，レベル判定に役立つ情報を得るため

問2　<資料>の下線部B「難しいだと思います」に関する記述として最も適当なものを，次の１～４の中から一つ選べ。

1　動詞と名詞の混同による誤り

2　ナ形容詞と名詞の混同による誤り

3　イ形容詞とナ形容詞の混同による誤り

4　イ形容詞と動詞の混同による誤り

問3　<資料>の下線部C「けど」と同様の使い方をしているものはどれか。最も適当なものを，次の１～４の中から一つ選べ。

1　寿司は食べてみたいんです<u>けど</u>，納豆は食べたくありません。

2　日本では靴を脱ぐんです<u>けど</u>，私の国では脱ぎません。

3　毎日勉強したんです<u>けど</u>，テストの成績は悪かったんです。

4　ピザを作りたいんです<u>けど</u>，作り方を教えてもらえませんか。

問4　<資料>の下線部D「はやめー」という発話は，会話の中でどのような機能を果たしたか。最も適当なものを，次の１～４の中から一つ選べ。

1　聞いているサインを送り，話を続けるように促す。

2　同じ言葉を発して，相手との連帯感を強める。

3　相手が話した語の意味を説明するように頼む。

4　発話権をとるために，直前の発話を繰り返す。

問5　<資料>のやり取りから，この学習者はOPIの中級に達していると判定した。その理由として最も適当なものを，次の１～４の中から一つ選べ。

1　会話を自分で始め，やり取りを続け，終わらせることができる。

2　言語的な正確さを維持し，叙述したり描写したりすることができる。

3　広範囲の話題をうまく構成された長い段落で話すことができる。

4　予期していなかった複雑な状況にうまく対応することができる。

このページには問題が印刷されていません。

問題７は次のページにあります。

問題７　次の文章を読み，下の問い（問１～５）に答えよ。

日本語学習者にとって文字学習は課題の一つである。中でも漢字学習でつまずく学習者が多いため，漢字の授業[A]では様々な工夫が行われている。

漢字学習上の問題点は，漢字系学習者[B]と非漢字系学習者でそれぞれ異なる。特に非漢字系学習者は漢字に慣れていないことから，字形の意識化を促す目的で字形が同一かどうか識別する練習[C]を行うことがある。

漢字学習の評価は，従来は字形を正確に再生できるかを測るものが主流であったが，近年は漢字の品詞についての知識を測る問題[D]が取り入れられるようになった。評価においては，形成的評価[E]の観点も必要である。

問１　文章中の下線部Ａ「漢字の授業」における指導上の留意点として最も適当なものを，次の１～４の中から一つ選べ。

１　漢字の筆順は，資料の配付を避けて，実際に教師が板書で示す。

２　漢字の導入順は，学習者のニーズよりも字形の単純さを優先する。

３　漢字の字形は板書やカードで示し，読みは音声で聞かせる。

４　送り仮名のある漢字は，送り仮名と一緒に書かせる。

問２　文章中の下線部Ｂ「漢字系学習者」の学習上の問題に**当てはまらないもの**を，次の１～４の中から一つ選べ。

１　漢字から文章の意味が推測できるので，文法の学習がおろそかになりやすい。

２　母語の漢字知識に頼るため，間違った意味に解釈してしまう。

３　個々の漢字を記号のように記憶し，熟語の理解につなげるのが難しい。

４　母語と日本語に些細な字形上の違いがあるため，書く際に正確さに欠ける。

問3　文章中の下線部C「字形が同一かどうか識別する練習」として最も適当なものを，次の１～４の中から一つ選べ。

1
> 例のように，絵が表している漢字を選びなさい。
>
> （例）　　a 目　ⓑ 日　c 年　d 月
>
> （問）　　a 森　b 小　c 山　d 上

2
> 例のように，組み合わせて漢字になるものを選びなさい。
>
> （例）　木　ⓐ 亻　b 彳　c 冫　d 犭
>
> （問）　子　a 艹　b 䒑　c 宀　d 冖

3
> 例のように，漢字を書きなさい。
>
> （例）　亻＋口＋木＝［　保　］
>
> （問）　十＋目＋一＋ハ＝［　　　］

4
> 例のように，異なる漢字を選びなさい。
>
> （例）　名　名　名　各　名　名
>
> （問）　見　見　見　見　貝　見

問4　文章中の下線部D「漢字の品詞についての知識を測る問題」として最も適当なものを，次の1～4の中から一つ選べ。

1

例のように，同じグループに入らないものを消しなさい。

（例）　~~開始~~　初期　最初　原始

（問）　強行　強運　強者　強度

2

例のように，同じグループに入らないものを消しなさい。

（例）　広　庁　店　~~原~~

（問）　写　家　冗　冥

3

例と同じ関係にあるものを選びなさい。

（例）　日常　⇔　a 不日常　b 無日常　ⓒ 非日常　d 未日常

（問）　人気　⇔　a 不人気　b 無人気　c 非人気　d 未人気

4

例と同じ関係にあるものを選びなさい。

（例）　安　：　ⓐ 暗　b 短　c 新　d 近

（問）　強　：　a 高　b 狭　c 好　d 硬

問5　文章中の下線部E「形成的評価」に関する記述として最も適当なものを，次の1～4の中から一つ選べ。

1　コース開始時のテスト結果を基に，学習者を適当なレベルのクラスに分ける。

2　コース期間中のテスト結果を基に，指導の有効性を検討し，指導方法を改善する。

3　コース終了時のテスト結果を基に，学習者を得点順に並べ，成績を付ける。

4　コース終了後のテスト結果を基に，コースのシラバスや使用した教材を評価する。

このページには問題が印刷されていません。

問題８は次のページにあります。

問題８　国内のある大学で実施された留学生対象の作文の授業に関する次の資料を読み，後の問い（問１～５）に答えよ。＜資料＞は作文活動の流れに関するメモである。

＜資料＞　作文活動の流れに関するメモ

レベル	CEFR A2レベル
学習者	多国籍　10名
Can-do	[　　　(ア)　　　]を書くことができる。
書く前	1　導入 自分のふるさとの有名な場所について，トップ３を考えさせる。 2　課題の提示 課題：日本語プログラムの修了の記念に作文集を作ります。このクラスでは，ふるさとを紹介する作文を書きます。あなたのふるさとの有名な場所などについて300字ぐらいで書いてください。 3　書くための準備 ・マインドマップ(A)を作成させる。
書　く	4　下書き 5　推敲 ・学習者同士でピア・レスポンス(B)をさせる。 ・各自で書き直しをさせる。
書いた後	6　教師によるフィードバック(C) ・フィードバックを受けて清書させる。 7　クラス全体でのシェア ・出来上がった作文集を配付し，クラスメイトの作文を読ませる。 8　ポートフォリオ(D)の整理

問1　<資料>の［(ア)］に入れるのに最も適当なものを，次の1～4の中から一つ選べ。

1　ふるさとの案内したい場所について詳しく明瞭な文章

2　ふるさとの複数の観光地の紹介を一つの流れにまとめた文章

3　ふるさとが紹介された記事と自分の経験とを関連づけた文章

4　ふるさとのおすすめの場所について短い簡単な文を使った文章

問2　<資料>の下線部A「マインドマップ」の作成方法として最も適当なものを，次の1～4の中から一つ選べ。

1　「ふるさと」について，分析の視点を立方体に例えて6側面から分析したり，論証したりしながら内容を充実させていく。

2　紙の中央に「ふるさと」と書き，その周りに頭に浮かんだことを書き出し，線でつないでアイディアを整理する。

3　「今住んでいる町」と「ふるさと」の共通点と相違点の両方をリストアップして，整理しながら書いていく。

4　「ふるさと」についての教師の質問に答えたカードを並べ，まとまった文章を組み立てていく。

問3　<資料>の下線部B「ピア・レスポンス」を行う目的として**不適当なもの**を，次の1～4の中から一つ選べ。

1　言語能力が高い者に低い者の作文を添削させることで，学びの意欲を持たせる。

2　読み手からの質問に答える過程で，自分の書きたいことを整理させる。

3　他の作文に意見することで，自分の作文を批判的に分析する力を身につけさせる。

4　読み手の視点を意識させることで，自分で推敲する力を身につけさせる。

問4　<資料>の下線部C「教師によるフィードバック」の留意点として最も適当なものを，次の１～４の中から一つ選べ。

1　学習者の意図を反映できるよう，原文を活かしつつ不自然な部分を添削する。

2　学習者間で不公平が生じないよう，添削の仕方やヒントの与え方を統一する。

3　学習者の意欲を削がないよう，意図が不明な文は指摘せずそのままにする。

4　学習者の印象に残るよう，優れた点よりも間違いを強調して示すようにする。

問5　<資料>の下線部D「ポートフォリオ」に関する記述として最も適当なものを，次の１～４の中から一つ選べ。

1　学習者は学習過程の活動記録ではなく，最終的な作品を残す。

2　学習者が学習過程で用いた資料や成果物を保存し，学習を振り返る。

3　教師の指示に従って，学習者は学習過程で配付された教材を保存する。

4　教師が各学習者の学習過程を記録，管理して成績評価に用いる。

このページには問題が印刷されていません。

問題９は次のページにあります。

問題９　次の文章を読み，下の問い（問１～５）に答えよ。

グローバル化の進行により日本国内において，在留外国人数が増加している。多様な文化的背景を持つ人々とともに生活していくうえでは異文化間葛藤（A）が生じることがある。その際，様々ある葛藤解決方略（B）の中からどれを用いて葛藤解決を図るかが，その後の関係構築にも関わる。また，他者との対話を通して自分自身を客観的に見つめ直す（C）ことも必要である。他者に対してどのような偏見（D）があるのかを知ることで自己理解が促進される。

日本語教育場面においても集団間の再カテゴリー化を促す活動（E）などが偏見の低減に有効だろう。

問１　文章中の下線部Ａ「異文化間葛藤」が生じている状態はどれか。最も適当なものを，次の１～４の中から一つ選べ。

１　ある思想や価値観に自分を同一化してみるなど，試行錯誤している状態

２　ある感情を表出している他者を見て自分にも同一の感情が生じている状態

３　人間関係に対する価値観などが自文化とは相反すると感じている状態

４　自我の統合がうまくいかず，自分自身を見失いそうになっている状態

問２　文章中の下線部Ｂ「葛藤解決方略」のうち，「直接・双方向方略」の例として最も適当なものを，次の１～４の中から一つ選べ。

１　隣人が深夜まで騒いでいたら，「静かにしてください」と本人に言いに行く。

２　隣人が深夜まで騒いでいても我慢し，その状況が続く場合は引っ越しをする。

３　深夜まで騒いでいる隣人に，自分は早朝出勤で毎晩10時には寝ることを伝える。

４　深夜まで騒いでいる隣人を説得し，夜10時以降は騒がないというルールを作る。

問3　文章中の下線部C「自分自身を客観的に見つめ直す」ために提案された「ジョハリの窓（Johari Window）」の四つの窓に関する記述として最も適当なものを，次の1～4の中から一つ選べ。

1　「未知の窓」が大きい人は，他者の意見を聞こうとせず，頑固になる傾向がある。

2　「盲目の窓」が大きい人は，他者の自分に対する反応への感受性が低い傾向がある。

3　「開放の窓」は，周囲は知っているが，本人が全く気づいていない部分である。

4　「秘密の窓」は，自分も周りの人も気づいていない，可能性を秘めた部分である。

問4　文章中の下線部D「偏見」に関する記述として**不適当なもの**を，次の1～4の中から一つ選べ。

1　他者に対して無意識に抱いてしまう否定的感情

2　自集団の立場を優位に立たせようとする意識

3　特定の集団に対するイメージに基づく排除行動

4　自己を守るために他者を否定的に捉える姿勢

問5　文章中の下線部E「集団間の再カテゴリー化を促す活動」の例として最も適当なものを，次の1～4の中から一つ選べ。

1　「留学生」と「日本人学生」が「X大学の学生代表」として模擬店を出店する。

2　「日本人学生」と「留学生」の違いを強調し，互いの長所や短所を指摘し合う。

3　来日間もない「留学生」に対して，「日本人学生」が学習や生活のサポートを行う。

4　自分の国の民族衣装を着て，「各国の代表」として地域の文化を互いに紹介する。

問題10　次の文章を読み，下の問い（問１～５）に答えよ。

第二言語習得に関わる要因の一つに環境があり，教室習得環境と自然習得環境とに大きく二分して捉えられる。教室習得環境には，自然習得環境におけるインターアクション(A)には見られない特徴がある。例えば，教師はプロンプト(B)を用いて，学習者の誤りに対するフィードバックを行う。また，フォーカス・オン・フォーム(C)による指導等によってインターアクションが促されている。

習得の環境に関わらず，その過程においては，過剰般化(D)等の現象がある。また，学習者の誤りが定着化する場合もある(E)。教師はこれらのことを理解しておく必要がある。

問１　文章中の下線部Ａに関して，教室習得環境のインターアクションと比べた際の特徴として最も適当なものを，次の１～４の中から一つ選べ。

1　母語話者は言語形式の正確さを重視し，頻繁に誤りを訂正する。

2　母語話者は学習者のレベルよりやや上の文法項目を段階的に取り入れて話す。

3　母語話者との談話のタイプが多様でインプットの量も多い。

4　母語話者が質問し，学習者が答え，母語話者が評価するというやり取りが多い。

問２　文章中の下線部Ｂ「プロンプト」に関する記述として最も適当なものを，次の１～４の中から一つ選べ。

1　学習者の誤りに対して教師が正しい言い方を示すと効果的である。

2　学習者が誤った文を正しく言い直さなくても効果的である。

3　学習者の現在の言語能力を超えた誤りに対して効果的である。

4　学習者にとって既習であっても正しく使えない項目に効果的である。

問3　文章中の下線部Ｃ「フォーカス・オン・フォーム」の背景となる考え方の一つとして最も適当なものを，次の１～４の中から一つ選べ。

1　言語形式と意味・機能を結びつける過程で習得が起こる。

2　教師と学習者が文法について話し合うことで習得が起こる。

3　言語の意味に焦点を当てて学習することで習得が進む。

4　文法項目を体系的に整理し学習する過程で習得が進む。

問4　文章中の下線部Ｄ「過剰般化」の例として最も適当なものを，次の１～４の中から一つ選べ。

1　「恋人」という漢字を書こうとして字形の似ている「変人」と書く。

2　「料理する」という単語が思い出せないとき母語で“cooking”と言う。

3　「１km泳いで疲れた」と伝えたくて，「およんで」と撥音化の規則を用いる。

4　「回転ずし」という語を知らず，「回るすしレストラン」という言葉を造る。

問5　文章中の下線部Ｅに関する記述として最も適当なものを，次の１～４の中から一つ選べ。

1　誤りの定着化は目標言語に関して受けた指導とは無関係である。

2　学習者の母語や既習語の知識が誤りの定着化に関わる。

3　誤りの定着化は音声面には起こるが，文法面には起こらない。

4　上級レベルで学習した文法項目の誤りは定着化しない。

問題11　次の文章を読み，下の問い（問１～５）に答えよ。

教師は第二言語学習における個人差を多面的に捉える必要がある。例えば，動機づけ(A)は言語学習を継続する原動力となる。また，動機づけは学習段階によって変化すると言われ，教師はそれに応じた働きかけを行う(B)ことが推奨される。さらに，学習者のビリーフ(C)も学習に影響を及ぼしている。その他に，キャロル（J.B.Carroll）の示したように言語適性(D)にも個人差がある。教師はそうした個人差や学習の段階に配慮しながら，学習者オートノミーを育成する(E)よう努めることが望ましい。

問１　文章中の下線部Ａ「動機づけ」のうち，内発的動機づけの例として最も適当なものを，次の１～４の中から一つ選べ。

1　日本語は必修科目なので，単位を取って大学を卒業したい。
2　日本語や日本文化を学んで，知識を増やし教養を高めたい。
3　日本の大学院で学位を取り，今より待遇のよい仕事に就きたい。
4　日本語科目でよい成績を取り，奨学金に応募したい。

問２　文章中の下線部Ｂに関して，学習を続ける中で学習者の動機づけを維持するために有効な指導実践として**不適当なもの**を，次の１～４の中から一つ選べ。

1　学習者の言語的誤りを一つ一つ指摘し，細かく説明して直す。
2　学習時のタスクや活動を挑戦的にし，学習者の意欲を高める。
3　肯定的な自己イメージを持たせ，明確な学習目標を設定する。
4　学習者が自信を失わないよう，褒めたり励ましたりする。

問３　文章中の下線部Ｃ「学習者のビリーフ」に関する記述として**不適当なもの**を，次の１～４の中から一つ選べ。

1　学習者のビリーフの変容と学習スキルの習熟度は，密接な関係がある。
2　母国の教育方針や教育システムが学習方法に対する好みに影響する。
3　学習者のビリーフは，授業活動の影響を受けず独立して形成される。
4　目標言語学習に対する考え方と学習行動が合致しないことがある。

問4　文章中の下線部Ｄ「言語適性」に関する記述として最も適当なものを，次の１～４の中から一つ選べ。

1　外向的な特性を持つ学習者は内向的な学習者よりも，最終的に言語能力が高くなる。

2　音を語のまとまりとして認識し再生する能力は，習得の初期段階で有利に働く。

3　相手や状況に合わせて言葉選びができる能力は，社会文化の影響を受ける。

4　指導方法が学習者の特性に合う合わないにかかわらず，その効果は同じである。

問5　文章中の下線部Ｅ「学習者オートノミーを育成する」ための教師の行動として最も適当なものを，次の１～４の中から一つ選べ。

1　教師は学習者に目標を聞き，それを達成するための学習行動を自分で考えさせる。

2　教師は自身の教育経験に基づき，学習者にとって最適だと思う方法で学習させる。

3　教師は学習者が自分で学習を進められるよう独習用テキストを決め，見守る。

4　教師は学習者の望む学習内容・方法を確認し，その希望に沿った形で授業を行う。

問題12　次の文章を読み，下の問い（問１～５）に答えよ。

会話は参加者の様々な要因に左右されて進んでいく。例えば，話し手と聞き手の話題に関する情報共有の有無は，言語形式に反映される（A）。また，会話は基本的には話し手と聞き手のやり取りであると考えられているが，話し手は，本来の聞き手以外の参加者の存在によって話し方を変える（B）ことがある。

会話の個々の発話に着目すると，体言止めや終助詞などの多様な形式の文末表現（C）が使用されている。やり取りが隣接応答ペアの場合，優先応答（preferred response）か非優先応答（D）（dispreferred response）かどうかも発話に影響する。

通常，これらの現象やその要因に関して人々は無意識であることが多い。会話の授業では，ロールプレイなど口頭のパフォーマンス・テスト（E）の後にフィードバックを行い，学習者の気づきを促すとよい。

問１　文章中の下線部Ａに関して，情報が共有されている場合の言語形式として最も適当なものを，次の１～４の中から一つ選べ。

1　「あの会議，品川だったよね？」のア系指示詞
2　「私，来週また出張なんだ」の一人称代名詞
3　「ああ，すっかり秋だな」の詠嘆の終助詞
4　「お花見，誰と行ったの？」の疑問の終助詞

問２　文章中の下線部Ｂの例として最も適当なものを，次の１～４の中から一つ選べ。

1　地方の役場の住民説明会で，職員が住民との関係作りを意識して方言でリラックスして雑談をする。
2　地方選挙のインタビューで，候補者が地元の聴衆を意識して共通語による質問に地域方言で答える。
3　小学校の運動会の開会式で，校長先生が保護者と地域住民に向かって改まった口調で挨拶をする。
4　就職の集団面接で，就職活動中の学生が好印象を与えることを目的に面接官に向かって敬語で受け答えする。

問3　文章中の下線部C「文末表現」の「って」に関して，他と**用法の異なるもの**を，次の１～４の中から一つ選べ。

1　X：天気予報，何て言ってる？
　Y：予報が変わって，晴れるって。

2　X：あれ，田中さんがいないね？
　Y：お腹が痛いから，先に帰るって。

3　X：えー，あなた何も文句ないの？
　Y：ないよ，ないって。

4　X：彼女，来月来るんだっけ？
　Y：来月じゃなくて，再来月に来るんだって。

問4　文章中の下線部D「非優先応答」の例として最も適当なものを，次の１～４の中から一つ選べ。

1　問い ― 返答
2　申し出 ― 受諾
3　苦情 ― 弁明
4　要請 ― 許可

問5　文章中の下線部E「口頭のパフォーマンス・テスト」を実施する際の留意点として最も適当なものを，次の１～４の中から一つ選べ。

1　実際の場面で即興的に話せるように，タスクの場面の説明は行わない。
2　学習者の緊張感や不安感を高めないように，評価方法については伝えない。
3　学習者のロールプレイがモデル会話通りに進行していることを評価する。
4　実際に起こり得る場面で求められる言語運用能力を測るタスクを設定する。

問題13　次の文章を読み，下の問い（問１～５）に答えよ。

教育現場では，学習者のアイデンティティ（A）を多様な側面から捉えることが重視されてきた。海外の日本語教育においては，日本人の子どもたちを対象とする日本語の継承語教育（B）が注目されており，そのアイデンティティはコード・スイッチングとも関わりがある。コード・スイッチングには，隠喩的コード・スイッチング，状況的コード・スイッチング，会話的コード・スイッチング（C）があり，これらの現象に関する研究も数多くなされている。日本国内では，近年，学校教育現場に日本語指導が必要な外国籍の児童生徒（D）が増加しており，二言語を使用する子どものアイデンティティ形成に関する議論が見られる。このような議論は，子どもに限ったことではない。成人の日本語学習者に対する指導の際にもアイデンティティへの配慮が求められている（E）。

問１　文章中の下線部Ａ「アイデンティティ」のうち，「社会的アイデンティティ」の形成に関わっているものとして最も適当なものを，次の１～４の中から一つ選べ。

１　消極的・積極的などの心理的特性

２　身長や体重などの身体的特徴

３　性や国籍などの属性

４　学習や言語などの能力感

問２　文章中の下線部Ｂ「日本語の継承語教育」に関して，日本国外における日本語の継承語教育の変遷に関する記述として**不適当なもの**を，次の１～４の中から一つ選べ。

１　従来は日本語教育の専門家がプログラムを運営していたが，近年は保護者や地域団体がその担い手になっている。

２　従来は帰国後の日本社会への適応が補習授業校の目的であったが，近年は帰国予定のない子どもへの継承語としての日本語指導等，ニーズが多様化している。

３　従来は日本人教育として日本語および文化の教育を行っていたが，近年は家庭で日本語を使用する機会がない学習者への動機づけの場にもなっている。

４　従来は第一言語が日本語である者を対象としていたが，近年は日系三世以降の世代など第一言語が日本語ではない者も対象となっている。

問3　文章中の下線部C「会話的コード・スイッチング」の例として最も適当なものを，次の１～４の中から一つ選べ。

1　米国在住の日本人家族が，会話中に友達の言葉を英語に切り替えて引用する。

2　日常生活で日本語を用いる者が，宗教上の儀式を行う際には英語を用いる。

3　日英バイリンガルが，日本語が分からない相手には英語を用いて会話する。

4　英国在住の日本人の兄弟が，親に分からないように英語の若者言葉に切り替える。

問4　文章中の下線部Dに関して，文部科学省が行った「日本語指導が必要な児童生徒の受入状況等に関する調査（平成30年度）」において，日本語指導が必要な外国籍の児童生徒の母語で最も多い言語を，次の１～４の中から一つ選べ。

1　スペイン語

2　フィリピノ語

3　ベトナム語

4　ポルトガル語

問5　文章中の下線部Eに関する記述として最も適当なものを，次の１～４の中から一つ選べ。

1　学習者のアイデンティティは変容しにくいものではあるが，日本語・日本文化の学習がアイデンティティに影響を与えないように配慮する。

2　学習者に日本文化の価値観に積極的に合わせていくように促し，日本語話者としての新たなアイデンティティを構築できるようにする。

3　学習者は母語社会のアイデンティティを持っているので，日本語学習の初期段階で日本語に埋め込まれた価値観に違和感を持っていないか配慮する。

4　学習者が持っているそれぞれの母語社会のアイデンティティに配慮し，日本の文化や価値観を切り離して日本語を指導する。

問題14　次の文章を読み，下の問い（問１～５）に答えよ。

待遇表現は，円滑なコミュニケーションを遂行するにあたり重要である。人間関係を捉える概念としては，ウチ・ソト(A)や親・疎などが挙げられる。このような人間関係や状況等に応じて用いられる方略には，ポライトネス・ストラテジー(B)がある。

日本語の待遇表現の代表例といえる敬語に関しては，2007年に文化審議会国語分科会によって「敬語の指針(C)」が示された。指針では，尊敬語(D)・謙譲語などについて実際の言語使用に関連づけて説明がなされている。

日本語教育においては，学習者にこれらの待遇表現の指導(E)を効果的に行っていくことが求められる。

問１　文章中の下線部Ａ「ウチ・ソト」の概念に関して，次のビジネス会話における［(ア)］に入れる発話として最も適当なものを，下の１～４の中から一つ選べ。

＜Ｘ社社員がＹ社課長を訪ねた際のＹ社受付係との会話＞

Ｘ社社員　：渡辺課長はいらっしゃいますか。
Ｙ社受付係：［(ア)］

1　課長は外出中ですが，すぐにお戻りになりますのでお待ちください。
2　課長は会議室にいらっしゃいますので，ご案内します。
3　現在渡辺は席を外されていますが，いかがいたしましょうか。
4　現在渡辺は不在ですが，よろしければ伝言を承ります。

問２　文章中の下線部Ｂ「ポライトネス・ストラテジー」の一種である「ボールド・オン・レコード・ストラテジー（直言）」の例として最も適当なものを，次の１～４の中から一つ選べ。

1　（近況を尋ねてきた人に）詳細は話さず「別に，普通かな」と言う。
2　（免許をとった友人に）誇張して褒めて「本当に？すごーい！」と言う。
3　（食事に誘う際に）誘いの表現を用いず「おなかがすいたな」と言う。
4　（車道に飛び出した人に）情報伝達を優先して「危ない！」と言う。

問３　文章中の下線部Ｃ「敬語の指針」で述べられている内容として最も適当なものを，次の１～４の中から一つ選べ。

1　美化語は，行為者や所有者を立てるために使われる。

2　丁寧語は，相手側や「立てるべき人物」の行為には使えない。

3　謙譲語Ⅱ（丁重語）は改まりを表すものであり，話題の人物を立てるものではない。

4　尊敬語における「立てるべき人物」は，身分や役割により固定的に決定される。

問４　文章中の下線部Ｄ「尊敬語」の例として最も適当なものを，次の１～４の中から一つ選べ。

1　今日は大事なお話があります。

2　こちらにお名前をお書きください。

3　この安いほうのお魚をください。

4　先生にお手紙を書きます。

問５　文章中の下線部Ｅ「待遇表現の指導」に関する記述として**不適当なもの**を，次の１～４の中から一つ選べ。

1　現実場面での使用実態に即し，恩恵表現の指導は「てくださる」より「てさしあげる」を優先する。

2　目上の人には私的領域に踏み込む内容を尋ねることを避けるなど，形式面だけでなく内容面にも注意を向けさせる。

3　依頼表現の前に理由や状況説明をするなど，文レベルだけでなく談話レベルでも指導を行う。

4　「先生」に言及するときは「名前＋さん」ではなく「名前＋先生」を使うなど，初級の最初の授業から待遇表現を扱う。

問題15　次の文章を読み，下の問い（問１～５）に答えよ。

日本は世界の他の多くの社会と同じく，多言語多文化社会であるとされる。例えば，日本で用いられてきた言語の一つとしてアイヌ語(A)がある。これは日本の先住民族であるアイヌ民族の言葉である。2019年には，アイヌ民族支援法(B)が制定され，日本国内の多様な文化を尊重する機運が高まっている。

アイヌ語は消滅が危惧される言語としてユネスコの「世界消滅危機言語地図」にも掲載されている。同地図においては，沖縄の方言(C)である八重山語，沖縄語，宮古語なども消滅の危機にある言語と位置づけられている。文化庁はこのような消滅の危機にある言語・方言に対する保存・継承のための様々な取り組み(D)を行っている。

また，手話(E)を一つの言語として認め，国家の公用語に制定している国がある。日本社会においても手話を言語の一つとして認めようとする動きがある。

問１　文章中の下線部Ａ「アイヌ語」に関する記述として最も適当なものを，次の１～４の中から一つ選べ。

1　日本語と同じSOVの語順をとり，膠着語である。
2　日本語と同じSOVの語順をとり，抱合語である。
3　中国語と同じSVOの語順をとり，膠着語である。
4　中国語と同じSVOの語順をとり，抱合語である。

問２　文章中の下線部Ｂ「アイヌ民族支援法」に関する記述として**不適当なもの**を，次の１～４の中から一つ選べ。

1　アイヌ民族を日本の先住民族として明記している。
2　アイヌ民族の文化振興のための環境整備を推進している。
3　アイヌ語を日本の公用語の一つとして明記している。
4　アイヌ文化を継承する者の育成を推進している。

問3　文章中の下線部C「沖縄の方言」に関する記述として最も適当なものを，次の１～４の中から一つ選べ。

1　現代の東北方言との類似度が高く，九州方言がそれに次ぐ。

2　第二次世界大戦後，いわゆるヤマトグチとの混交が進んでいる。

3　近代までは口承伝達が一般的で，文書資料は残っていない。

4　米国統治時の英語の影響で生じたクレオールが普及している。

問4　文章中の下線部D「消滅の危機にある言語・方言に対する保存・継承のための様々な取り組み」の例として**不適当なもの**を，次の１～４の中から一つ選べ。

1　危機的な状況にある言語・方言サミットを開催している。

2　言語・方言を保存するためのアーカイブ化を行っている。

3　消滅の危機にひんしている言語・方言の実地調査をしている。

4　方言使用を推奨するための方言札を学校教育に導入している。

問5　文章中の下線部E「手話」に関する記述として最も適当なものを，次の１～４の中から一つ選べ。

1　ろう者の親を持つ聴者の子どもをディスレクシアと呼ぶ。

2　世界中の手話の構造は共通しており，意思疎通が容易である。

3　日本では公的場面で手話通訳を付けることが義務づけられている。

4　日本手話は日本語とは異なる言語の体系を持っている。

問題16　次の文章を読み，下の問い（問１～５）に答えよ。

近年，日本に中長期的に滞在する外国人が増加している。それに伴って，在留外国人の状況(A)も多様化している。

このような状況の下，2018年に「出入国管理及び難民認定法及び法務省設置法の一部を改正する法律」が成立(B)した。これにより，新たな在留資格として「特定技能(C)」が創設され，特定技能１号と特定技能２号が設けられた。特定技能１号の取得には一定の日本語能力の水準(D)が求められる。また，2019年には「日本語教育の推進に関する法律」が成立した。そこには日本語教育の推進に関わる基本理念(E)や基本的施策等が掲げられている。

問１　文章中の下線部Ａ「在留外国人の状況」に関して，2019年６月末現在の記述として最も適当なものを，次の１～４の中から一つ選べ。

1　在留外国人の数は，過去最多を記録し，280万人を超えている。

2　在留資格別の数は，「技能実習」が最も多く，次いで「永住者」が多い。

3　都道府県別の数は，東京都が最も多く，次いで神奈川県が多い。

4　出身の国籍・地域別の上位３か国は，「中国」「韓国」「ブラジル」である。

問２　文章中の下線部Ｂに関する記述として最も適当なものを，次の１～４の中から一つ選べ。

1　「留学」と「就学」の在留資格が「留学」に一本化され，法務省告示日本語教育機関の学生も留学生と呼ばれるようになった。

2　新たな在留資格「介護」が創設され，介護福祉士の資格を有する外国人が介護業務に従事することが可能となった。

3　法務省の任務が改正され，「出入国在留管理庁」が出入国及び在留の公正な管理を担うこととなった。

4　「外国人登録制度」および「外国人登録証明書」が廃止され，在留期間の上限が３年から最長５年に延長された。

問3　文章中の下線部C「特定技能」に関する記述として最も適当なものを，次の１～４の中から一つ選べ。

1　技能，技術または知識の開発途上国などへの移転が目的とされている。

2　ポイント制による出入国在留管理上の優遇措置が設けられている。

3　国家間の経済連携強化の観点から，特例的な資格として位置づけられている。

4　介護，農業，外食業，建設など，対象の産業分野が限定されている。

問4　文章中の下線部D「一定の日本語能力の水準」に関する記述として最も適当なものを，次の１～４の中から一つ選べ。

1　ごく基本的な個人的情報や家族情報，買い物，近所，仕事など，直接的関係がある領域に関する，よく使われる文や表現が理解できる。

2　自分の専門分野の技術的な議論も含めて，抽象的かつ具体的な話題の複雑なテクストの主要な内容を理解できる。

3　具体的な欲求を満足させるための，よく使われる日常的表現と基本的な言い回しは理解し，用いることもできる。

4　仕事，学校，娯楽で普段出合うような身近な話題について，標準的な話し方であれば主要点を理解できる。

問5　文章中の下線部E「日本語教育の推進に関わる基本理念」に関する記述として**不適当なもの**を，次の１～４の中から一つ選べ。

1　日本語教育の推進は，外国人等に係る教育及び労働，出入国管理その他の関連施策等との有機的な連携が図られ，総合的に行われなければならない。

2　日本語教育の推進は，国内における日本語教育が地域の活力の向上に寄与するものであるとの認識のもとに行われなければならない。

3　日本語教育の推進は，これを義務的なものとし，全ての者に対して無償のものとして行われなければならない。

4　日本語教育の推進は，日本語を学習する意義についての外国人等の理解と関心が深められるように配慮して行われなければならない。

問題17　近年，地方公共団体等において，言語サービスとしての「やさしい日本語」に関する取り組みが広がっています。これに対して様々な立場の人から「外国人の日本語力を低く見ている」「正しい日本語を覚える機会を奪ってしまう」などといった批判が寄せられることがあります。あなたは，日本語教育に関わる者として，こうした意見についてどのように考えますか。次のキーワードの中から一つ以上を選び，それに関連づけて，あなたの考えを400字程度で記述してください。その際，そのキーワードをどのような意味で使っているかが分かるように書いてください。

＜キーワード＞　複言語主義，言語権，規範主義このページには問題が印刷されていません。

このページには問題が印刷されていません。

このページには問題が印刷されていません。

令和２年度日本語教育能力検定試験

試験Ⅰ解答用紙第１面

氏名	

氏名を記入してください。

受験番号を下の「数字」欄に記入し，その下の「マーク」欄にも必ずマークしてください。

受験番号					
数字					
マーク	万位	千位	百位	十位	一位
		⓪	⓪	⓪	⓪
	①	①	①	①	①
	②	②	②	②	②
	③	③	③	③	③
	④	④	④	④	④
	⑤	⑤	⑤	⑤	⑤
	⑥	⑥	⑥	⑥	⑥
	⑦	⑦	⑦	⑦	⑦
		⑧	⑧	⑧	⑧
		⑨	⑨	⑨	⑨

マーク例

良い例	悪い例
●	◉ ⊗ ⊘ ⦶

[注意事項]

1. 氏名，受験番号を記入してください。受験番号は「数字」欄に記入し，その下の「マーク」欄にも必ずマークしてください。
2. 必ず鉛筆またはシャープペンシル（ＨＢ）でマークしてください。
3. 訂正する場合はプラスチック消しゴムできれいに消し，消しくずを残さないでください。
4. 所定欄以外にはマークしたり記入したりしないでください。
5. 汚したり折り曲げたりしないでください。
6. 以上の１～５が守られていないと，採点できないことがあります。

問題番号		解答欄
問題1	(1)	① ② ③ ④ ⑤
	(2)	① ② ③ ④ ⑤
	(3)	① ② ③ ④ ⑤
	(4)	① ② ③ ④ ⑤
	(5)	① ② ③ ④ ⑤
	(6)	① ② ③ ④ ⑤
	(7)	① ② ③ ④ ⑤
	(8)	① ② ③ ④ ⑤
	(9)	① ② ③ ④ ⑤
	(10)	① ② ③ ④ ⑤
	(11)	① ② ③ ④ ⑤
	(12)	① ② ③ ④ ⑤
	(13)	① ② ③ ④ ⑤
	(14)	① ② ③ ④ ⑤
	(15)	① ② ③ ④ ⑤
問題2	(1)	① ② ③ ④
	(2)	① ② ③ ④
	(3)	① ② ③ ④
	(4)	① ② ③ ④
	(5)	① ② ③ ④

問題番号			解答欄
問題3	A	(1)	① ② ③ ④
		(2)	① ② ③ ④
		(3)	① ② ③ ④
		(4)	① ② ③ ④
		(5)	① ② ③ ④
	B	(6)	① ② ③ ④
		(7)	① ② ③ ④
		(8)	① ② ③ ④
		(9)	① ② ③ ④
		(10)	① ② ③ ④
	C	(11)	① ② ③ ④
		(12)	① ② ③ ④
		(13)	① ② ③ ④
		(14)	① ② ③ ④
		(15)	① ② ③ ④
	D	(16)	① ② ③ ④
		(17)	① ② ③ ④
		(18)	① ② ③ ④
		(19)	① ② ③ ④
		(20)	① ② ③ ④

問題番号		解答欄
問題4	問 1	① ② ③ ④
	問 2	① ② ③ ④
	問 3	① ② ③ ④
	問 4	① ② ③ ④
	問 5	① ② ③ ④
問題5	問 1	① ② ③ ④
	問 2	① ② ③ ④
	問 3	① ② ③ ④
	問 4	① ② ③ ④
	問 5	① ② ③ ④
問題6	問 1	① ② ③ ④
	問 2	① ② ③ ④
	問 3	① ② ③ ④
	問 4	① ② ③ ④
	問 5	① ② ③ ④
問題7	問 1	① ② ③ ④
	問 2	① ② ③ ④
	問 3	① ② ③ ④
	問 4	① ② ③ ④
	問 5	① ② ③ ④

（裏面へつづく）

試験 I 解答用紙第２面

問題番号		解答欄
問題8	問　1	① ② ③ ④
	問　2	① ② ③ ④
	問　3	① ② ③ ④
	問　4	① ② ③ ④
	問　5	① ② ③ ④
問題9	問　1	① ② ③ ④
	問　2	① ② ③ ④
	問　3	① ② ③ ④
	問　4	① ② ③ ④
	問　5	① ② ③ ④
問題10	問　1	① ② ③ ④
	問　2	① ② ③ ④
	問　3	① ② ③ ④
	問　4	① ② ③ ④
	問　5	① ② ③ ④
問題11	問　1	① ② ③ ④
	問　2	① ② ③ ④
	問　3	① ② ③ ④
	問　4	① ② ③ ④
	問　5	① ② ③ ④

問題番号		解答欄
問題12	問　1	① ② ③ ④
	問　2	① ② ③ ④
	問　3	① ② ③ ④
	問　4	① ② ③ ④
	問　5	① ② ③ ④
問題13	問　1	① ② ③ ④
	問　2	① ② ③ ④
	問　3	① ② ③ ④
	問　4	① ② ③ ④
	問　5	① ② ③ ④
問題14	問　1	① ② ③ ④
	問　2	① ② ③ ④
	問　3	① ② ③ ④
	問　4	① ② ③ ④
	問　5	① ② ③ ④
問題15	問　1	① ② ③ ④
	問　2	① ② ③ ④
	問　3	① ② ③ ④
	問　4	① ② ③ ④
	問　5	① ② ③ ④

令和２年度日本語教育能力検定試験

試 験 Ⅱ 解 答 用 紙

氏名	

氏名を記入してください。

受験番号を下の「数字」欄に記入し，その下の「マーク」欄にも必ずマークしてください。

受験番号				
数字					
万位	千位	百位	十位	一位
	⓪	⓪	⓪	⓪
①	①	①	①	①
②	②	②	②	②
③	③	③	③	③
④	④	④	④	④
⑤	⑤	⑤	⑤	⑤
⑥	⑥	⑥	⑥	⑥
⑦	⑦	⑦	⑦	⑦
	⑧	⑧	⑧	⑧
	⑨	⑨	⑨	⑨

マーク例

良い例	悪い例
●	⦿ ⊗ ⊘ ⦶

［注意事項］

1. 氏名，受験番号を記入してください。受験番号は「数字」欄に記入し，その下の「マーク」欄にも必ずマークしてください。
2. 必ず鉛筆またはシャープペンシル（ＨＢ）でマークしてください。
3. 訂正する場合はプラスチック消しゴムできれいに消し，消しくずを残さないでください。
4. 所定欄以外にはマークしたり記入したりしないでください。
5. 汚したり折り曲げたりしないでください。
6. 以上の１～５が守られていないと，採点できないことがあります。

問題番号		解答欄
問題1	例	ⓐ ● ⓒ ⓓ
	1番	ⓐ ⓑ ⓒ ⓓ
	2番	ⓐ ⓑ ⓒ ⓓ
	3番	ⓐ ⓑ ⓒ ⓓ
	4番	ⓐ ⓑ ⓒ ⓓ
	5番	ⓐ ⓑ ⓒ ⓓ
	6番	ⓐ ⓑ ⓒ ⓓ
問題2	例	● ⓑ ⓒ ⓓ
	1番	ⓐ ⓑ ⓒ ⓓ
	2番	ⓐ ⓑ ⓒ ⓓ
	3番	ⓐ ⓑ ⓒ ⓓ
	4番	ⓐ ⓑ ⓒ ⓓ
	5番	ⓐ ⓑ ⓒ ⓓ
	6番	ⓐ ⓑ ⓒ ⓓ

問題番号		解答欄
問題3	例	● ⓑ ⓒ ⓓ
	1番	ⓐ ⓑ ⓒ ⓓ
	2番	ⓐ ⓑ ⓒ ⓓ
	3番	ⓐ ⓑ ⓒ ⓓ
	4番	ⓐ ⓑ ⓒ ⓓ
	5番	ⓐ ⓑ ⓒ ⓓ
	6番	ⓐ ⓑ ⓒ ⓓ
	7番	ⓐ ⓑ ⓒ ⓓ
	8番	ⓐ ⓑ ⓒ ⓓ

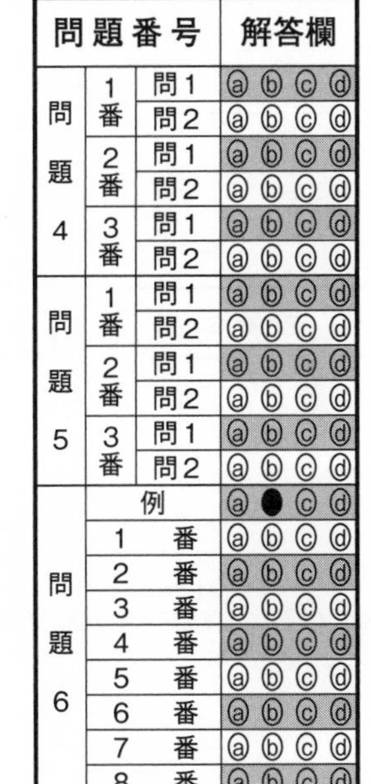

問題番号			解答欄
問題4	1番	問1	ⓐ ⓑ ⓒ ⓓ
		問2	ⓐ ⓑ ⓒ ⓓ
	2番	問1	ⓐ ⓑ ⓒ ⓓ
		問2	ⓐ ⓑ ⓒ ⓓ
	3番	問1	ⓐ ⓑ ⓒ ⓓ
		問2	ⓐ ⓑ ⓒ ⓓ
問題5	1番	問1	ⓐ ⓑ ⓒ ⓓ
		問2	ⓐ ⓑ ⓒ ⓓ
	2番	問1	ⓐ ⓑ ⓒ ⓓ
		問2	ⓐ ⓑ ⓒ ⓓ
	3番	問1	ⓐ ⓑ ⓒ ⓓ
		問2	ⓐ ⓑ ⓒ ⓓ
問題6	例		ⓐ ● ⓒ ⓓ
	1番		ⓐ ⓑ ⓒ ⓓ
	2番		ⓐ ⓑ ⓒ ⓓ
	3番		ⓐ ⓑ ⓒ ⓓ
	4番		ⓐ ⓑ ⓒ ⓓ
	5番		ⓐ ⓑ ⓒ ⓓ
	6番		ⓐ ⓑ ⓒ ⓓ
	7番		ⓐ ⓑ ⓒ ⓓ
	8番		ⓐ ⓑ ⓒ ⓓ

令和２年度日本語教育能力検定試験

試験 Ⅲ 解答用紙

氏名	

氏名を記入してください。

受験番号を下の「数字」欄に記入し，その下の「マーク」欄にも必ずマークしてください。

受験番号					
数字					
	万位	千位	百位	十位	一位
マーク		⓪	⓪	⓪	⓪
	①	①	①	①	①
	②	②	②	②	②
	③	③	③	③	③
	④	④	④	④	④
	⑤	⑤	⑤	⑤	⑤
	⑥	⑥	⑥	⑥	⑥
	⑦	⑦	⑦	⑦	⑦
		⑧	⑧	⑧	⑧
		⑨	⑨	⑨	⑨

マーク例

良い例	悪い例
●	⊙ ⊗ ⊘ ⦶

[注意事項]

1. 氏名，受験番号を記入(記述解答用紙にも)してください。受験番号は「数字」欄に記入し，その下の「マーク」欄にも必ずマークしてください。
2. 必ず鉛筆またはシャープペンシル（ＨＢ）でマークしてください。
3. 訂正する場合はプラスチック消しゴムできれいに消し，消しくずを残さないでください。
4. 所定欄以外にはマークしたり記入したりしないでください。
5. 汚したり折り曲げたりしないでください。
6. 以上の１～５が守られていないと，採点できないことがあります。

問題番号		解答欄
問題1	問 1	① ② ③ ④
	問 2	① ② ③ ④
	問 3	① ② ③ ④
	問 4	① ② ③ ④
	問 5	① ② ③ ④
問題2	問 1	① ② ③ ④
	問 2	① ② ③ ④
	問 3	① ② ③ ④
	問 4	① ② ③ ④
	問 5	① ② ③ ④
問題3	問 1	① ② ③ ④
	問 2	① ② ③ ④
	問 3	① ② ③ ④
	問 4	① ② ③ ④
	問 5	① ② ③ ④
問題4	問 1	① ② ③ ④
	問 2	① ② ③ ④
	問 3	① ② ③ ④
	問 4	① ② ③ ④
	問 5	① ② ③ ④
問題5	問 1	① ② ③ ④
	問 2	① ② ③ ④
	問 3	① ② ③ ④
	問 4	① ② ③ ④
	問 5	① ② ③ ④

問題番号		解答欄
問題6	問 1	① ② ③ ④
	問 2	① ② ③ ④
	問 3	① ② ③ ④
	問 4	① ② ③ ④
	問 5	① ② ③ ④
問題7	問 1	① ② ③ ④
	問 2	① ② ③ ④
	問 3	① ② ③ ④
	問 4	① ② ③ ④
	問 5	① ② ③ ④
問題8	問 1	① ② ③ ④
	問 2	① ② ③ ④
	問 3	① ② ③ ④
	問 4	① ② ③ ④
	問 5	① ② ③ ④
問題9	問 1	① ② ③ ④
	問 2	① ② ③ ④
	問 3	① ② ③ ④
	問 4	① ② ③ ④
	問 5	① ② ③ ④
問題10	問 1	① ② ③ ④
	問 2	① ② ③ ④
	問 3	① ② ③ ④
	問 4	① ② ③ ④
	問 5	① ② ③ ④

問題番号		解答欄
問題11	問 1	① ② ③ ④
	問 2	① ② ③ ④
	問 3	① ② ③ ④
	問 4	① ② ③ ④
	問 5	① ② ③ ④
問題12	問 1	① ② ③ ④
	問 2	① ② ③ ④
	問 3	① ② ③ ④
	問 4	① ② ③ ④
	問 5	① ② ③ ④
問題13	問 1	① ② ③ ④
	問 2	① ② ③ ④
	問 3	① ② ③ ④
	問 4	① ② ③ ④
	問 5	① ② ③ ④
問題14	問 1	① ② ③ ④
	問 2	① ② ③ ④
	問 3	① ② ③ ④
	問 4	① ② ③ ④
	問 5	① ② ③ ④
問題15	問 1	① ② ③ ④
	問 2	① ② ③ ④
	問 3	① ② ③ ④
	問 4	① ② ③ ④
	問 5	① ② ③ ④

問題番号		解答欄
問題16	問 1	① ② ③ ④
	問 2	① ② ③ ④
	問 3	① ② ③ ④
	問 4	① ② ③ ④
	問 5	① ② ③ ④
問題17	記述解答用紙に記入してください。	

令和２年度日本語教育能力検定試験

試験Ⅲ　問題17　記述解答用紙

氏名	
受験番号	

(100)

(200)

(300)

(400)

(420)

参　考　資　料

令和２年度日本語教育能力検定試験 実施要項

１．目　的

日本語教員となるために学習している者，日本語教員として教育に携わっている者を対象として，日本語教育の実践につながる体系的な知識が基礎的な水準に達しているかどうか，状況に応じてそれらの知識を関連づけ多様な現場に対応する能力が基礎的な水準に達しているかどうかを検定することを目的とする。

２．実施者

公益財団法人 日本国際教育支援協会が実施する。

３．後　援

文化庁／公益社団法人日本語教育学会
大学共同利用機関法人人間文化研究機構国立国語研究所／独立行政法人国際交流基金
一般財団法人日本語教育振興協会／公益社団法人国際日本語普及協会

４．試験の方法，内容等

(1)　受験資格
特に制限しない。

(2)　試験の水準と内容
試験の水準：日本語教育に携わるにあたり必要とされる基礎的な知識・能力。
試験の内容：出題範囲は，別記のとおりとする。

(3)　試験の構成

科目	解答時間	配点	測定内容
試験Ⅰ	90分	100点	原則として，出題範囲の区分ごとの設問により，日本語教育の実践につながる基礎的な知識を測定する。
試験Ⅱ	30分	40点	試験Ⅰで求められる「基礎的な知識」および試験Ⅲで求められる「基礎的な問題解決能力」について，音声を媒体とした出題形式で測定する。
試験Ⅲ	120分	100点	原則として出題範囲の区分横断的な設問により，熟練した日本語教員の有する現場対応能力につながる基礎的な問題解決能力を測定する。

(4)　試験日：令和２年 10 月 25 日（日）

(5)　試験地：札幌，仙台，福島，東京，神奈川，愛知，大阪，兵庫，広島，福岡

５．出願の手続き等

(1)　受験案内（出願書類付き）
出願手続き等の細目については，「令和２年度日本語教育能力検定試験　受験案内」による。
受験案内は願書受付期間中，全国の主要書店にて販売。

(2)　出願手続き
①　願　　書：所定のもの
②　受 験 料：10,800 円（税込）
③　受付期間：令和２年７月 20 日（月）から８月３日（月）まで（当日消印有効）
④　出　　願：公益財団法人 日本国際教育支援協会に提出

６．受験票の送付

願書を受理したものについて，令和２年９月 25 日（金）に発送。

７．結果の通知等

合否の結果は，令和２年 12 月 25 日（金）に受験者全員に文書をもって通知するとともに，合格者には合格証書を交付する。

出 題 範 囲

別記

次の通りとする。主要項目のうち，**「基礎項目」（太字）**は優先的に出題される。ただし，全範囲にわたって出題されるとは限らない。

区　　分	主要項目（**太字は「基礎項目」**）
1　社会・文化・地域	1．世界と日本 (1)　諸外国・地域と日本 **(2)　日本の社会と文化** 2．異文化接触 **(1)　異文化適応・調整** (2)　人口の移動（移民・難民政策を含む。） (3)　児童生徒の文化間移動 3．日本語教育の歴史と現状 **(1)　日本語教育史** (2)　日本語教育と国語教育 **(3)　言語政策** (4)　日本語の教育哲学 **(5)　日本語及び日本語教育に関する試験** (6)　日本語教育事情：世界の各地域，日本の各地域 4．日本語教員の資質・能力
2　言語と社会	1．言語と社会の関係 **(1)　社会文化能力** (2)　言語接触・言語管理 **(3)　言語政策** (4)　各国の教育制度・教育事情 **(5)　社会言語学・言語社会学** 2．言語使用と社会 (1)　言語変種 **(2)　待遇・敬意表現** **(3)　言語・非言語行動** (4)　コミュニケーション学 3．異文化コミュニケーションと社会 (1)　言語・文化相対主義 (2)　二言語併用主義（バイリンガリズム（政策）） **(3)　多文化・多言語主義** (4)　アイデンティティ（自己確認，帰属意識）

区　分	主要項目（**太字は「基礎項目」**）
3　言語と心理	1．言語理解の過程 (1)　予測・推測能力 **(2)　談話理解** (3)　記憶・視点 (4)　心理言語学・認知言語学 2．言語習得・発達 **(1)　習得過程（第一言語・第二言語）** **(2)　中間言語** (3)　二言語併用主義（バイリンガリズム） **(4)　ストラテジー（学習方略）** (5)　学習者タイプ 3．異文化理解と心理 (1)　社会的技能・技術（スキル） **(2)　異文化受容・適応** (3)　日本語教育・学習の情意的側面 (4)　日本語教育と障害者教育
4　言語と教育	1．言語教育法・実技（実習） **(1)　実践的知識・能力** **(2)　コースデザイン(教育課程編成), カリキュラム編成** **(3)　教授法** **(4)　評価法** **(5)　教育実技（実習）** **(6)　自己点検・授業分析能力** **(7)　誤用分析** **(8)　教材分析・開発** **(9)　教室・言語環境の設定** **(10)　目的・対象別日本語教育法** 2．異文化間教育・コミュニケーション教育 **(1)　異文化間教育・多文化教育** (2)　国際・比較教育 (3)　国際理解教育 **(4)　コミュニケーション教育** (5)　異文化受容訓練 **(6)　言語間対照** (7)　学習者の権利

区　分	主要項目（**太字は「基礎項目」**）
	3．言語教育と情報 (1)　データ処理 **(2)　メディア／情報技術活用能力（リテラシー）** (3)　学習支援・促進者（ファシリテータ）の養成 **(4)　教材開発・選択** (5)　知的所有権問題 (6)　教育工学
5　言語一般	1．言語の構造一般 (1)　言語の類型 **(2)　世界の諸言語** **(3)　一般言語学・日本語学・対照言語学** (4)　理論言語学・応用言語学 2．日本語の構造 **(1)　日本語の構造** **(2)　音声・音韻体系** **(3)　形態・語彙体系** **(4)　文法体系** **(5)　意味体系** **(6)　語用論的規範** **(7)　文字と表記** (8)　日本語史 3．コミュニケーション能力 **(1)　受容・理解能力** **(2)　言語運用能力** **(3)　社会文化能力** **(4)　対人関係能力** **(5)　異文化調整能力**

各区分における測定内容

区分	求められる知識・能力
社会・文化・地域	日本や日本の地域社会が関係する国際社会の実情や，国際化に対する日本の国や地方自治体の政策，地域社会の人びとの意識等を考えるために，次のような視点と基礎的な知識を有し，それらと日本語教育の実践とを関連づける能力を有していること。 ・国際関係論・文化論・比較文化論的な視点とそれらに関する基礎的知識 ・政治的・経済的・社会的・地政学的な視点とそれらに関する基礎的知識 ・宗教的・民族的・歴史的な視点とそれらに関する基礎的知識
言語と社会	言語教育・言語習得および言語使用と社会との関係を考えるために，次のような視点と基礎的な知識を有し，それらと日本語教育の実践とを関連づける能力を有していること。 ・言語教育・言語習得について，広く国際社会の動向からみた国や地域間の関係から考える視点とそれらに関する基礎的知識 ・言語教育・言語習得について，それぞれの社会の政治的・経済的・文化的構造等との関係から考える視点とそれらに関する基礎的知識 ・個々人の言語使用を具体的な社会文化状況の中で考える視点とそれらに関する基礎的知識
言語と心理	言語の学習や教育の場面で起こる現象や問題の理解・解決のために，次のような視点と基礎的な知識を有し，それらと日本語教育の実践とを関連づける能力を有していること。 ・学習の過程やスタイルあるいは個人，集団，社会等，多様な視点から捉えた言語の習得と発達に関する基礎的知識 ・言語教育に必要な学習理論，言語理解，認知過程に関する心理学の基礎的知識 ・異文化理解，異文化接触，異文化コミュニケーションに関する基礎的知識
言語と教育	学習活動を支援するために，次のような視点と基礎的な知識を有し，それらと日本語教育の実践とを関連づける能力を有していること。 ・個々の学習者の特質に対するミクロな視点と，個々の学習を社会の中に位置付けるマクロな視点 ・学習活動を客観的に分析し，全体および問題の所在を把握するための基礎的知識 ・学習者のかかえる問題を解決するための教授・評価等に関する基礎的知識
言語一般	教育・学習の対象となる日本語および言語一般について次のような知識・能力を有し，それらと日本語教育の実践とを関連づける能力を有していること。 ・現代日本語の音声・音韻，語彙，文法，意味，運用等に関する基礎的知識とそれらを客観的に分析する能力 ・一般言語学，対照言語学など言語の構造に関する基礎的知識 ・指導を滞りなく進めるため，話し言葉・書き言葉両面において円滑なコミュニケーションを行うための知識・能力

令和２年度日本語教育能力検定試験 実施状況

令和２年度日本語教育能力検定試験の（1）実施日，(2) 応募者数・受験者数，(3) 合格者数，(4) 実施会場は以下のとおり。

(1) 実施日

令和２年 10 月 25 日（日）

(2) 応募者数・受験者数

実施地区	応募者数（人）	受験者数（人）
北海道	313	246
東北	413	329
関東	5,462	4,330
中部	1,249	1,017
近畿	2,513	2,084
中国	486	376
九州	880	702
合計	11,316	9,084

注 「受験者数（人)」は科目受験者を含む。

(3) 合格者数

2,613 人

(4) 実施会場

北海道地区：札幌科学技術専門学校，札幌駅前ビジネススペース
東北地区：仙台医療福祉専門学校，福島学院大学　福島駅前キャンパス
関東地区：早稲田大学　戸山キャンパス，早稲田大学　西早稲田キャンパス，
東京外国語大学　府中キャンパス，神田外語学院，
東京電子専門学校，明治学院大学　横浜キャンパス
中部地区：愛知大学　名古屋キャンパス，名古屋コンベンションホール
近畿地区：大阪大学　豊中キャンパス，神戸国際展示場
中国地区：広島県立ふくやま産業交流館（ビッグ・ローズ）
九州地区：九州工業大学　戸畑キャンパス，南近代ビル

令和２年度日本語教育能力検定試験 平均点等一覧

試験Ⅰ及び試験Ⅱ（聴解）については，全問マークシート方式（以下「マーク式」という。）で，試験Ⅲについては，マーク式と一部記述式で実施した。

マーク式平均点等一覧

試験区分	受験者数	平均点	標準偏差	最高点	最低点
マーク式総合（220点）	9,033	133.5（60.7%）	23.8（10.8%）	200	51
試験Ⅰ（100点）	9,083	56.3（56.3%）	11.6（11.6%）	90	8
試験Ⅱ（40点）	9,048	24.9（62.2%）	5.8（14.6%）	40	0
試験Ⅲマーク式（80点）	9,034	52.2（65.2%）	8.7（10.9%）	75	13

記述式を含む平均点等一覧

試験区分	受験者数	平均点	標準偏差	最高点	最低点
総合（240点）	5,573	160.1（66.7%）	15.4（6.4%）	213	129
試験Ⅲ（100点）	5,573	68.8（68.8%）	7.0（7.0%）	93	44
試験Ⅲ記述式（20点）	5,573	11.5（57.4%）	3.3（16.6%）	20	0

注　1　マーク式総合の受験者数は，全科目受験者の数。
　　2　記述式を含む平均点等一覧は，マーク式による問題の総得点が上位である60%の人数の者についてのものである。
　　3　平均点と標準偏差の（　）内の数字は配点に対する百分率。

日本語教育能力検定試験 応募者数等の推移

実施回数	実施年度	応募者数（人）	受験者数（人）	合格者数（人）	実施地区
第 1 回	昭和 62 年度	5,837	4,758	935	1
第 2 回	昭和 63 年度	5,794	4,597	827	2
第 3 回	平成元年度	6,783	5,405	999	2
第 4 回	平成 2 年度	6,367	5,143	908	3
第 5 回	平成 3 年度	7,815	6,224	1,153	3
第 6 回	平成 4 年度	8,723	6,846	1,272	3
第 7 回	平成 5 年度	8,673	6,792	1,224	3
第 8 回	平成 6 年度	8,282	6,153	1,125	3
第 9 回	平成 7 年度	7,614	5,911	1,107	3
第 10 回	平成 8 年度	7,755	5,986	1,088	4
第 11 回	平成 9 年度	7,624	5,824	1,077	4
第 12 回	平成 10 年度	6,906	5,272	1,008	4
第 13 回	平成 11 年度	7,526	5,729	1,091	4
第 14 回	平成 12 年度	7,809	5,858	1,077	4
第 15 回	平成 13 年度	7,319	5,549	1,008	4
第 16 回	平成 14 年度	7,989	6,154	1,171	4
第 17 回	平成 15 年度	8,103	6,426	1,235	4
第 18 回	平成 16 年度	8,401	6,715	1,220	5
第 19 回	平成 17 年度	7,231	5,958	1,155	5
第 20 回	平成 18 年度	6,374	5,317	1,126	6
第 21 回	平成 19 年度	5,837	4,793	981	6
第 22 回	平成 20 年度	5,773	4,767	1,020	6
第 23 回	平成 21 年度	6,277	5,203	1,215	6
第 24 回	平成 22 年度	6,823	5,616	1,197	7
第 25 回	平成 23 年度	7,034	5,769	1,527	7
第 26 回	平成 24 年度	5,877	4,829	1,109	7
第 27 回	平成 25 年度	5,439	4,402	1,001	7
第 28 回	平成 26 年度	5,436	4,389	1,027	7
第 29 回	平成 27 年度	5,920	4,754	1,086	7
第 30 回	平成 28 年度	6,167	4,934	1,231	7
第 31 回	平成 29 年度	7,331	5,767	1,463	7
第 32 回	平成 30 年度	8,586	6,841	1,937	7
第 33 回	令和元年度	11,699	9,426	2,659	7
第 34 回	令和 2 年度	11,316	9,084	2,613	7

注 「受験者数（人）」は科目受験者を含む。

令和３年度日本語教育能力検定試験 実施要項

１．目　的

日本語教員となるために学習している者，日本語教員として教育に携わっている者を対象として，日本語教育の実践につながる体系的な知識が基礎的な水準に達しているかどうか，状況に応じてそれらの知識を関連づけ多様な現場に対応する能力が基礎的な水準に達しているかどうかを検定することを目的とする。

２．実施者

公益財団法人 日本国際教育支援協会が実施する。

３．後　援（予定）

文化庁／公益社団法人日本語教育学会
大学共同利用機関法人人間文化研究機構国立国語研究所／独立行政法人国際交流基金
一般財団法人日本語教育振興協会／公益社団法人国際日本語普及協会

４．試験の方法，内容等

（1）受験資格

特に制限しない。

（2）試験の水準と内容

試験の水準：日本語教育に携わるにあたり必要とされる基礎的な知識・能力。
試験の内容：出題範囲は，別記のとおりとする。

（3）試験の構成

科目	解答時間	配点	測定内容
試験Ⅰ	90分	100点	原則として，出題範囲の区分ごとの設問により，日本語教育の実践につながる基礎的な知識を測定する。
試験Ⅱ	30分	40点	試験Ⅰで求められる「基礎的な知識」および試験Ⅲで求められる「基礎的な問題解決能力」について，音声を媒体とした出題形式で測定する。
試験Ⅲ	120分	100点	原則として出題範囲の区分横断的な設問により，熟練した日本語教員の有する現場対応能力につながる基礎的な問題解決能力を測定する。

（4）試験日：令和３年10月24日（日）

（5）試験地（予定）：北海道，東北，関東，中部，近畿，中国，九州

５．出願の手続き等

（1）受験案内（出願書類付き）

出願手続き等の細目については，「令和３年度日本語教育能力検定試験　受験案内」による。
受験案内は願書受付期間中，全国の主要書店にて販売の予定。

（2）出願手続き

① 願　　書：所定のもの
② 受 験 料：14,500円（税込）
③ 受付期間：令和３年７月５日（月）から８月２日（月）まで（当日消印有効）（予定）
④ 出　　願：公益財団法人 日本国際教育支援協会に提出

６．受験票の送付

願書を受理したものについて，令和３年９月24日（金）に発送。（予定）

７．結果の通知等

合否の結果は，令和３年12月24日（金）（予定）に受験者全員に文書をもって通知するとともに，合格者には合格証書を交付する。

正　解

令和２年度日本語教育能力検定試験　正解

＜試験Ⅰ＞

問題１

(1)	(2)	(3)	(4)	(5)	(6)	(7)	(8)	(9)	(10)	(11)	(12)	(13)
1	2	5	3	2	5	1	4	2	4	5	1	3

(14)	(15)
5	3

問題２

(1)	(2)	(3)	(4)	(5)
4	2	1	3	4

問題３－A（1～5）

(1)	(2)	(3)	(4)	(5)
3	1	4	4	2

問題３－B（6～10）

(6)	(7)	(8)	(9)	(10)
2	4	2	4	3

問題３－C（11～15）

(11)	(12)	(13)	(14)	(15)
1	4	3	2	4

問題３－D（16～20）

(16)	(17)	(18)	(19)	(20)
2	4	1	2	3

問題４

問１	問２	問３	問４	問５
3	1	1	2	1

問題５

問１	問２	問３	問４	問５
1	2	3	2	4

問題６

問１	問２	問３	問４	問５
4	2	4	3	3

問題７

問１	問２	問３	問４	問５
4	3	2	4	1

問題 8

問 1	問 2	問 3	問 4	問 5
3	1	1	3	4

問題 9

問 1	問 2	問 3	問 4	問 5
4	2	1	4	1

問題 10

問 1	問 2	問 3	問 4	問 5
3	4	2	1	3

問題 11

問 1	問 2	問 3	問 4	問 5
3	2	2	1	3

問題 12

問 1	問 2	問 3	問 4	問 5
4	3	1	3	1

問題 13

問 1	問 2	問 3	問 4	問 5
2	1	4	3	2

問題 14

問 1	問 2	問 3	問 4	問 5
1	2	2	3	4

問題 15

問 1	問 2	問 3	問 4	問 5
3	1	4	1	2

＜試験Ⅱ＞

問題 1

例	1 番	2 番	3 番	4 番	5 番	6 番
b	d	a	c	d	a	b

問題 2

例	1 番	2 番	3 番	4 番	5 番	6 番
a	b	d	a	b	c	d

問題 3

例	1番	2番	3番	4番	5番	6番	7番	8番
a	a	d	c	c	a	d	b	b

問題 4

1番		2番		3番	
問1	問2	問1	問2	問1	問2
d	c	a	c	b	a

問題 5

1番		2番		3番	
問1	問2	問1	問2	問1	問2
c	a	b	d	c	b

問題 6

例	1番	2番	3番	4番	5番	6番	7番	8番
b	b	c	c	a	d	b	d	a

＜試験Ⅲ＞

問題 1

問1	問2	問3	問4	問5
4	3	2	1	2

問題 2

問1	問2	問3	問4	問5
1	2	2	3	4

問題 3

問1	問2	問3	問4	問5
2	4	4	2	1

問題 4

問1	問2	問3	問4	問5
3	2	4	2	1

問題 5

問1	問2	問3	問4	問5
4	1	2	4	3

問題 6

問 1	問 2	問 3	問 4	問 5
1	3	4	3	1

問題 7

問 1	問 2	問 3	問 4	問 5
4	3	4	1	2

問題 8

問 1	問 2	問 3	問 4	問 5
4	2	1	1	2

問題 9

問 1	問 2	問 3	問 4	問 5
3	4	2	3	1

問題 10

問 1	問 2	問 3	問 4	問 5
3	4	1	3	2

問題 11

問 1	問 2	問 3	問 4	問 5
2	1	3	2	1

問題 12

問 1	問 2	問 3	問 4	問 5
1	2	3	3	4

問題 13

問 1	問 2	問 3	問 4	問 5
3	1	1	4	3

問題 14

問 1	問 2	問 3	問 4	問 5
4	4	3	2	1

問題 15

問 1	問 2	問 3	問 4	問 5
2	3	2	4	4

問題 16

問 1	問 2	問 3	問 4	問 5
1	3	4	1	3

問題 17　記述式問題解答例

　「やさしい日本語」に対し外国人が、あたかも馬鹿にされているような印象を持ってしまう可能性があることは理解できる。母語話者同然の能力習得を望む学習者に対し「やさしい日本語」で十分、と言うことは、「使いたい言語が使える」という言語権の侵害にもつながりかねない。また、外国人の言語権を保障するなら、「やさしい日本語」より母語でのサービスを充実させるべき、という考え方もある。

　しかし、外国人も極めて多様であることに配慮しなければならない。日本語学習のみに専念できない学習者も多く、また日本で暮らす外国人の母語全てによってサービスを行うことは不可能、という事情もある。特定の外国人集団や一定のレベルに達した学習者のみを優先することなく、平等迅速な情報伝達を行うために「やさしい日本語」は最善の手段である。我々は理想のみを追うのでなく、できるだけ多くの人が幸福になるため何が必要かを考えなければならない。

【試験Ⅱ　ＣＤトラック番号早見表】

内容		トラック番号
問題開始前部分		1
問題 1	説明	2
	例	3
	1番	4
	2番	5
	3番	6
	4番	7
	5番	8
	6番	9
問題 2	説明	10
	例	11
	1番	12
	2番	13
	3番	14
	4番	15
	5番	16
	6番	17

内容		トラック番号
問題 3	説明	18
	例	19
	1番	20
	2番	21
	3番	22
	4番	23
	5番	24
	6番	25
	7番	26
	8番	27
問題 4	説明	28
	1番	29
	2番	30
	3番	31
問題 5	説明	32
	1番	33
	2番	34
	3番	35
問題 6	説明	36
	例	37
	1番	38
	2番	39
	3番	40
	4番	41
	5番	42
	6番	43
	7番	44
	8番	45
終了部分		46

令和２年度　日本語教育能力検定試験
試験問題　試験Ⅱ（聴解）CD付

発行日 ……… 2021年4月20日　初版第1刷
2022年8月10日　初版第2刷
編著者 ……… 公益財団法人 日本国際教育支援協会
〒153-8503 東京都目黒区駒場4-5-29
電話 03-5454-5215
発行所 ……… 株式会社 凡 人 社
〒102-0093 東京都千代田区平河町1-3-13
電話 03-3263-3959

Printed in Japan
ISBN978-4-89358-983-5